目次

※（　）の中の漢字はできかたについて説明しています。

本書《ほんしょ》の特長《とくちょう》と使《つか》い方《かた》

あなたは漢字《かんじ》が好《す》きですか？　本書《ほんしょ》は次《つぎ》の四《よっ》つの特長《とくちょう》で、漢字《かんじ》をしっかり学《まな》べるように工夫《くふう》しました。

●例文《れいぶん》の中《なか》で漢字《かんじ》の使《つか》い方《かた》を理解《りかい》できます

漢字《かんじ》は二字《にじ》以上《いじょう》組《く》み合《あ》わせて（熟語《じゅくご》）使《つか》われることが多《おお》いですし、文章《ぶんしょう》の中《なか》で使《つか》えるようにならなければなりません。

この本《ほん》は、その学年《がくねん》で勉強《べんきょう》する漢字《かんじ》を五十《ごじゅう》の例文《れいぶん》の中《なか》に全部《ぜんぶ》入《い》れています。また、例文《れいぶん》は、理科《りか》の勉強《べんきょう》や社会科《しゃかいか》の知識《ちしき》も入《い》れています。わからない言葉《ことば》（熟語《じゅくご》）が出《で》てきたら、国語辞典《こくごじてん》で調《しら》べてみてください。知識《ちしき》がどんどん広《ひろ》がります。

例文《れいぶん》を読《よ》んだり、漢字《かんじ》を書《か》いたりするうちに賢《かしこ》くなっている自分《じぶん》に気《き》がつくでしょう。

●五《いつ》つの例文《れいぶん》を徹底反復学習《てっていはんぷくがくしゅう》で無理《むり》なく定着《ていちゃく》させます

漢字《かんじ》は一度《いちど》書《か》いたり、読《よ》んだりしただけでは覚《おぼ》えられません。

この本《ほん》では五《いつ》つの例文《れいぶん》を「三回読《さんかいよ》み」「なぞり」「読《よ》みがな」「解説《かいせつ》」「難《むずか》しい文字《もじ》の書《か》き取《と》り（二回《にかい》）」「全文書《ぜんぶんか》き取《と》り（二回《にかい》）」の順《じゅん》に繰《く》り返《かえ》し練習《れんしゅう》するようにしていますので、無理《むり》なく学習《がくしゅう》を進《すす》めることができます。

本書《ほんしょ》はページの順《じゅん》に以下《いか》の使《つか》い方《かた》をしてください。

① 例文《れいぶん》を三回《さんかい》読《よ》む。まず、漢字《かんじ》を読《よ》めるようになりましょう。

② 漢字《かんじ》をなぞる。漢字《かんじ》をなぞりながら、漢字《かんじ》の形《かたち》・読《よ》み方《かた》を確《たし》かめましょう。

③ 読《よ》みがなを書《か》く。漢字《かんじ》が読《よ》めるようになったかを確《たし》かめましょう。

④ 古代文字《こだいもじ》などを楽《たの》しみましょう。古代文字《こだいもじ》やイラストなどの説明《せつめい》を読《よ》んで、漢字《かんじ》のでき方《かた》などを知《し》りましょう。

⑤ 漢字《かんじ》を書《か》く。ちゃんと漢字《かんじ》の形《かたち》を覚《おぼ》えたか確《たし》かめましょう。

⑥ この本《ほん》の終《お》わりに、学年《がくねん》の漢字《かんじ》を全部《ぜんぶ》使《つか》ったテストがあります。そのテストで実力《じつりょく》を確認《かくにん》しましょう。

●手書《てが》き文字《もじ》がお手本《てほん》になります

この本《ほん》では活字《かつじ》ではなく、実際《じっさい》に書《か》くときにお手本《てほん》になるような文字《もじ》を使《つか》っています。なぞったり、見本《みほん》の文字《もじ》として活用《かつよう》してください。

●古代文字《こだいもじ》の解説《かいせつ》があります

漢字《かんじ》は、三千年《さんぜんねん》以上《いじょう》も前《まえ》に中国《ちゅうごく》で作《つく》られました。そして、今《いま》も日本《にほん》や中国《ちゅうごく》で使《つか》われています。漢字《かんじ》は長《なが》い間《あいだ》使《つか》っているうちに、書《か》きやすい字《じ》、速《はや》く書《か》ける字《じ》、美《うつく》しい字《じ》がいろいろ発明《はつめい》されてきました。そうやって、だんだんと字《じ》の形《かたち》が変《か》わってきました。

漢字《かんじ》を勉強《べんきょう》しているあなたに、漢字《かんじ》がさらに好《す》きになってもらいたいなと思《おも》って、古代文字《こだいもじ》にふれてもらって、「漢字《かんじ》のでき方《かた》」のページを作《つく》りました。

「いぬ」の漢字《かんじ》を見《み》てみましょう。古代文字《こだいもじ》では「」と書《か》きました。犬《いぬ》の形《かたち》がよくわかります。でも、今《いま》の「犬《いぬ》」の方《ほう》が書《か》きやすいですね。「やま」も「」や「」（二字《にじ》とも古代文字《こだいもじ》）より「山《やま》」が書《か》きやすいでしょう。漢字《かんじ》も一字《いちじ》一字《いちじ》、意味《いみ》や読《よ》み方《かた》、書《か》き方《かた》を覚《おぼ》えるための練習《れんしゅう》がとても大事《だいじ》ですが、ときどき、昔《むかし》の字《じ》はどんな形《かたち》だったのだろうと考《かんが》えてみてください。きっと漢字《かんじ》の勉強《べんきょう》が今《いま》までよりもっと楽《たの》しくなりますよ。

桝谷《ますや》　雄三《ゆうぞう》

＊本書の例文は『スピード学習漢字プリント』（桝谷雄三著・フォーラム・A　二〇〇九年）の例文を再編集致しました。

六年生で習う漢字の例文 ①～⑫

※太い字は六年生で習う漢字です。

① 異議《いぎ》が出《で》て否決《ひけつ》されたが、今回《こんかい》承認《しょうにん》された。

② 干潮《かんちょう》になって、砂《すな》はまの区域《くいき》が拡大《かくだい》した。

③ 自宅《じたく》通勤《つうきん》が困難《こんなん》な転勤《てんきん》は疑問《ぎもん》だ。

④ 鋼鉄《こうてつ》の階段《かいだん》の鉄筋《てっきん》が簡単《かんたん》に傷《きず》ついた。

⑤ 胃腸《いちょう》は消化器系《しょうかきけい》、肺《はい》は呼吸器系《こきゅうきけい》の臓器《ぞうき》だ。

⑥ 貝塚《かいづか》は、魚《さかな》の骨《ほね》や土器《どき》の破片《は＊へん》を捨《す》てた穴《あな》だ。

⑦ 仁愛《じんあい》に満《み》ちた天皇《てんのう》皇后《こうごう》両陛下《りょうへいか》の晩《ばん》さん会《かい》。

⑧ 机《つくえ》の上《うえ》に一冊《いっさつ》のノートと灰皿《はいざら》を忘《わす》れている。

⑨ 土俵《どひょう》の模型《もけい》が縮尺《しゅくしゃく》通《どお》り、寸分《すんぶん》たがわず作《つく》られた。

⑩ 泉《いずみ》で染《そ》め物《もの》を洗《あら》い、樹木《じゅもく》のかげに干《ほ》した。

⑪ 裏口《うらぐち》から訪《たず》ねてきたのは、亡父《ぼうふ》の恩人《おんじん》だった。

⑫ 幼児《ようじ》が誤《あやま》ってお供《そな》えの卵《たまご》を食《た》べ、腹痛《ふくつう》に。

＊片《へん》は中学校で習う読み方です。

六年生で習う漢字の例文 ⑬〜㉔

※太い字は六年生で習う漢字です。

⑬ **看**《かん》護《ご》師《し》は注《ちゅう》**射**《しゃ》**針**《ばり》をさし、**糖**《とう》分《ぶん》を**補**《おぎな》った。

⑭ **宝**《たから》**探**《さが》しがテーマの**映**《えい》画《が》を何《なん》**巻**《かん》も**収**《しゅう》**納**《のう》した。

⑮ **尊**《そん》**敬**《けい》する**俳**《はい》**優**《ゆう》が**批**《ひ》判《はん》され、つい興《こう》**奮**《ふん》した。

⑯ **劇**《げき》薬《やく》貯《ちょ》**蔵**《ぞう》庫《こ》は**危**《き》険《けん》なので、立《たち》入《いり》**厳**《げん》禁《きん》。

⑰ **退**《たい》職《しょく》する母《はは》に、**孝**《こう》行《こう》息子《むすこ》は金《きん》**銭**《せん》と**宝**《ほう》石《せき》をおくる。

⑱ **庁**《ちょう》舎《しゃ》の**窓**《まど》から山《さん》**頂**《ちょう》に**降**《ふ》る雪《ゆき》が見《み》えた。

⑲ **並**《なみ》木《き》道《みち》に**沿**《そ》って進《すす》むと、松《まつ》の切《き》り**株**《かぶ》に**至**《いた》る。

⑳ **宗**《しゅう》**派**《は》に関《かん》係《けい》なく神《かみ》や仏《ほとけ》を**拝**《おが》む人《ひと》がいる。

㉑ 水《すい》**蒸**《じょう》気《き》が冷《ひ》えて、葉《は》の**裏**《うら》から水《みず》が**垂**《た》れた。

㉒ 川《かわ》の水《みず》を**処**《しょ》理《り》し、雑《ざつ》きんを**除**《のぞ》く**装**《そう》置《ち》を**視**《し》察《さつ》した。

㉓ 応《おう》仁《*にん》の**乱**《らん》は、**幕**《ばく》府《ふ》の**将**《しょう》軍《ぐん》の後《あと》つぎ問《もん》題《だい》。

㉔ 内《ない》**閣**《かく》総《そう》理《り》大《だい》臣《じん》に**就**《しゅう》任《にん》した**衆**《しゅう》議《ぎ》院《いん》議《ぎ》員《いん》。

＊仁《にん》は特別な読み方です。

六年生で習う漢字の例文㉕～㊲

㉕ 指揮《しき》と演奏《えんそう》に合《あ》わせ、聖歌《せいか》の歌詞《かし》を歌《うた》った。

㉖ 蚕《かいこ》から取《と》った純白《じゅんぱく》の絹糸《きぬいと》を、紅色《べにいろ》に染《そ》める。

㉗ 今《いま》の暮《く》らしを改善《かいぜん》するよう対策《たいさく》を練《ね》る。

㉘ 確《たし》かに存在《そんざい》した預金通帳《よきんつうちょう》をなくした。

㉙ 著名画家《ちょめいがか》の遺作展覧会《いさくてんらんかい》は延長《えんちょう》された。

㉚ 暖《だん》ろの前《まえ》で子供《こども》を胸《むね》にだき、乳《ちち》を飲《の》ませる母《はは》。

㉛ スイッチを閉《と》じると、電磁石《でんじしゃく》の装置《そうち》が働《はたら》いた。

㉜ 宇宙誕生《うちゅうたんじょう》の秘密《ひみつ》を探《＊さぐ》る専門班《せんもんはん》を結成《けっせい》。

㉝ 一枚《いちまい》の短冊《たん＊ざく》に俳句《はいく》を書《か》いて、翌日提出《よくじつていしゅつ》した。

㉞ 革新派同盟《かくしんはどうめい》が、臨時裁判官《りんじさいばんかん》を推《すい》せんした。

㉟ 日本語《にほんご》に訳《やく》された価値《かち》のある雑誌《ざっし》が郵送《ゆうそう》された。

㊱ 私《わたし(わたくし)》がなくしたくつの片方《かたほう》が警察署《けいさつしょ》に届《とど》いたそうだ。

㊲ 憲法《けんぽう》に我々《われ＊われ》主権者《しゅけんしゃ》の権利《けんり》の規定《きてい》がある。

※太い字は六年生で習う漢字です。

＊探《さぐ》るは中学校で習う読み方です。
＊冊（さく・ざく）は高校で習う読み方です。

＊「々」は同じ漢字を続けて書くときに使う記号で「ノマ」と言います。

六年生で習う漢字の例文 ㊳～㊿

㊳ **源**《げん》氏《じ》物語《ものがたり》は、**貴**《き》族《ぞく》の全盛《ぜん＊せい》時代《じだい》をえがく。

㊴ **熟**《じゅく》した**穀**《こく》物《もつ》のからを**棒**《ぼう》で**割**《わ》り、実《み》を**厳**《げん》選《せん》した。

㊵ **座**《ざ》席《せき》で点検《てんけん》を**済**《す》ませ、**操縦**《そうじゅう》に**従**《じゅう》事《じ》。

㊶ **憲**《けん》法《ぽう》は、思想《しそう》の自由《じゆう》を保**障**《ほしょう》している。

㊷ 希望《きぼう》を**胸**《むね》に、故**郷**《こきょう》をたつ**若**《わか》者《もの》の**姿**《すがた》に感**激**《かんげき》。

㊸ **推**《すい》せんした**宣**《せん》伝《でん》**担**《たん》当《とう》は、**派**《は》手《で》な**看**《かん》板《ばん》を作《つく》った。

㊹ 外国《がいこく》の法**律**《ほうりつ》で**裁**《さば》く治外法**権**《ちがいほうけん》の**背**《はい》景《けい》は武力《ぶりょく》。

㊺ 宿**敵**《しゅくてき》と**激**《はげ》しく戦《たたか》い、自**己**《じこ》新記録《しんきろく》を**樹**《じゅ》立《りつ》し**優**《ゆう》勝《しょう》。

㊻ **欲**《よく》ばって大**盛**《おおも》りの食**券**《しょっけん》を買《か》った。

㊼ **賃**《ちん》金《ぎん》の**値**《ね》上《あ》げ要求《ようきゅう》に、**誠**《せい》実《じつ》に対応《たいおう》した。

㊽ 高**層**《こうそう》ビルの一階《いっかい》に、**創**《そう》設者《せつしゃ》のちょう**刻**《こく》がある。

㊾ 文《ぶん》を**忠**《ちゅう》実《じつ》に**朗**《ろう》読《どく》するため、**舌**《した》の運動《うんどう》をする。

㊿ 経**済**《けいざい》問題《もんだい》　頭**脳**《ずのう》を働《はたら》かせ**諸**《しょ》政**党**《せいとう》で**討論**《とうろん》。

※太い字は六年生で習う漢字です。
＊盛《せい》は中学校で習う読み方です。

例文①～⑤ 文を三回読みましょう

名前　　月　　日

① 異《い》議《ぎ》が出《で》て否《ひ》決《けつ》されたが、今回《こんかい》承《しょう》認《にん》された。

② 干《かん》潮《ちょう》になって、砂《すな》はまの区《く》域《いき》が拡《かく》大《だい》した。

③ 自《じ》宅《たく》通《つう》勤《きん》が困《こん》難《なん》な転《てん》勤《きん》は疑《ぎ》問《もん》だ。

④ 鋼《こう》鉄《てつ》の階《かい》段《だん》の鉄《てっ》筋《きん》が簡《かん》単《たん》に傷《きず》ついた。

⑤ 胃《い》腸《ちょう》は消《しょう》化《か》器《き》系《けい》、肺《はい》は呼《こ》吸《きゅう》器《き》系《けい》の臓《ぞう》器《き》だ。

例文 ①〜⑤

漢字をていねいになぞりましょう

名前

月　日

① 異議《いぎ》が出て否決《ひけつ》されたが、今回承認《しょうにん》された。

② 干潮《かんちょう》になって、砂《すな》はまの区域《くいき》が拡大《かくだい》した。

③ 自宅通勤《じたくつうきん》が困難《こんなん》な転勤《てんきん》は疑問《ぎもん》だ。

④ 鋼鉄《こうてつ》の階段《かいだん》の鉄筋《てっきん》が簡単《かんたん》に傷《きず》ついた。

⑤ 胃腸《いちょう》は消化器系《しょうかきけい》、肺《はい》は呼吸器系《こきゅうきけい》の臓器《ぞうき》だ。

例文①～⑤ 漢字に読みがなをつけましょう

名前

月　日

(答え➡7ページ)

① 異議が出て否決されたが、今回承認された。

② 干潮になって、砂はまの区域が拡大した。

③ 自宅通勤が困難な転勤は疑問だ。

④ 鋼鉄の階段の鉄筋が簡単に傷ついた。

⑤ 胃腸は消化器系、肺は呼吸器系の臓器だ。

例文①～⑤

漢字のでき方を読みましょう

名前

月　日

【象形《しょうけい》】漢字《かんじ》のでき方《かた》にはいくつかの種類《しゅるい》があります。象形《しょうけい》は、物《もの》や様子《ようす》の形《かたち》から作《つく》る方法《ほうほう》です。
山の形《かたち》から↓山、月の形《かたち》から↓月、鳥《とり》の形《かたち》から↓鳥《とり》、象《ぞう》の形《かたち》から↓象《ぞう》などです。

異

こと　イ

意見《いけん》が異《こと》なる　異質《いしつ》

鬼《おに》の形《かたち》をしたものが両手《りょうて》をあげて、異様《いよう》な姿《すがた》をしている形《かたち》。「ことなる・変《へん》な」の意味《いみ》に使《つか》う。

干

ほ-す　カン

洗《せん》たく物《もの》を干《ほ》す　干潮《かんちょう》

元《もと》は、四角形《しかくけい》の盾《たて》を意味《いみ》する字。乾（カン＝かわく）と音《おん》が同《おな》じなので「ほす・かわく」という意味《い》になった。「干《かん》」をふくみ「カン」と読《よ》む字は、ほかに発汗《はっかん》、週刊誌《しゅうかんし》、肝臓《かんぞう》、新幹線《しんかんせん》など。

疑

うたが-う　ギ

人《ひと》を疑《うたが》う　半信半疑《はんしんはんぎ》

つえを立てた人が後《うし》ろを向《む》き、進《すす》むか退《しりぞ》くか、疑《うたが》い迷《まよ》っている形《かたち》。

筋

すじ　キン

あら筋《すじ》　筋肉《きんにく》

筋肉《きんにく》が骨《ほね》につながっている部分《ぶぶん》（すじ）の形《かたち》。月は肉《にく》、力は力こぶ。

系

ケイ

系列《けいれつ》

飾《かざ》り糸が垂《た》れている形《かたち》。「いとすじ」の意味《いみ》から、「血筋《ちすじ》・家筋《いえすじ》」などつながっているものを表《あらわ》すようになった。

例文 ①～⑤

漢字の練習をしましょう

名前

月　日

（答え➡7ページ）

① 異《い》議《ぎ》が出て□《ひ》□《けつ》されたが、今回承《しょう》認《にん》された。

② 干《かん》潮《ちょう》になって、□《すな》はまの区《く》域《いき》が□《かく》□《だい》した。

③ □《じ》□《たく》通《つう》勤《きん》が□《こん》□《なん》な転《てん》勤《きん》は疑《ぎ》問《もん》だ。

④ 鋼《こう》鉄《てつ》の□《かい》□《だん》の□《てっ》□《きん》が簡《かん》単《たん》に□《きず》ついた。

⑤ □《い》□《ちょう》は消《しょう》化《か》器《き》系《けい》、□《はい》は呼《こ》吸《きゅう》器《き》系《けい》の臓《ぞう》器《き》だ。

例文①～⑤

漢字の練習をしましょう

名前

月　日

（答え➡7ページ）

①　□《い》□《ぎ》が出て否《ひ》決《けつ》されたが、今回□《しょう》□《にん》された。

②　□《かん》□《ちょう》になって、砂《すな》はまの□《く》□《いき》が拡《かく》大《だい》した。

③　自《じ》宅《たく》□《つう》□《きん》が困《こん》難《なん》な□《てん》□《きん》は□《ぎ》□《もん》だ。

④　□《こう》□《てつ》の階《かい》段《だん》の鉄《てっ》筋《きん》が□《かん》□《たん》に傷《きず》ついた。

⑤　胃《い》腸《ちょう》は□《しょう》□《か》□《き》□《けい》、肺《はい》は□《こ》□《きゅう》□《き》□《けい》の□《ぞう》□《き》だ。

例文①～⑤

漢字を書きましょう

名前

月　日

① □《い》□《ぎ》が出て□《ひ》□《けつ》されたが、今回□《しょう》□《にん》された。

② □《かん》□《ちょう》になって、□《すな》はまの□《く》□《いき》が□《かく》□《だい》した。

③ □《じ》□《たく》□《つう》□《きん》が□《こん》□《なん》な□《てん》□《きん》は□《ぎ》□《もん》だ。

④ □《こう》□《てつ》の□《かい》□《だん》の□《てっ》□《きん》が□《かん》□《たん》に□《きず》ついた。

⑤ □《い》□《ちょう》は□《しょう》□《か》□《き》□《けい》、□《はい》は□《こ》□《きゅう》□《き》□《けい》の□《ぞう》□《き》だ。

（答え➡7ページ）

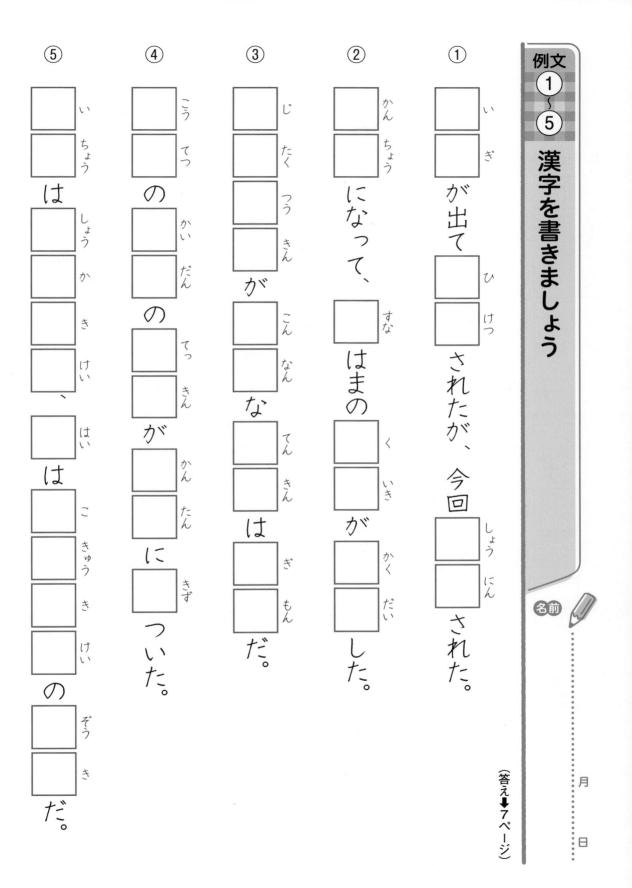

例文①～⑤

漢字を書きましょう

名前

月　日

（答え➡7ページ）

① □《い》□《ぎ》が出て□《ひ》□《けつ》されたが、今回□《しょう》□《にん》された。

② □《かん》□《ちょう》になって、□《すな》はまの□《く》□《いき》が□《かく》□《だい》した。

③ □《じ》□《たく》□《つう》□《きん》が□《こん》□《なん》な□《てん》□《きん》は□《ぎ》□《もん》だ。

④ □《こう》□《てつ》の□《かい》□《だん》の□《てっ》□《きん》が□《かん》□《たん》に□《きず》ついた。

⑤ □《い》□《ちょう》は□《しょう》□《か》□《き》□《けい》、□《はい》は□《こ》□《きゅう》□《き》□《けい》の□《ぞう》□《き》だ。

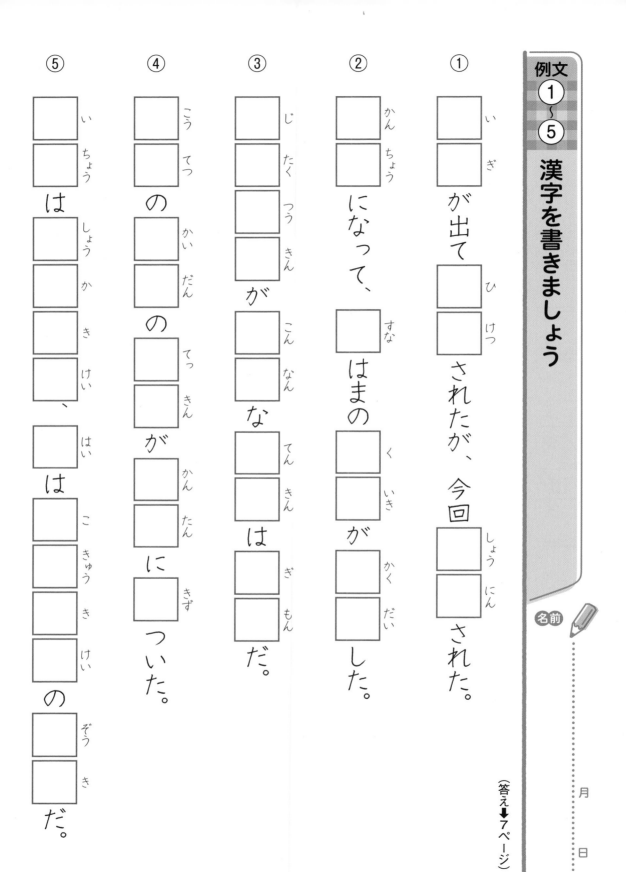

例文⑥〜⑩

文を三回読みましょう

名前

月　日

⑥ 貝塚《かいづか》は、魚《さかな》の骨《ほね》や土《ど》器《き》の破《は》片《へん》を捨《す》てた穴《あな》だ。

⑦ 仁《じん》愛《あい》に満《み》ちた天《てん》皇《のう》皇《こう》后《ごう》両《りょう》陛《へい》下《か》の晩《ばん》さん会《かい》。

⑧ 机《つくえ》の上《うえ》に一《いっ》冊《さつ》のノートと灰《はい》皿《ざら》を忘《わす》れている。

⑨ 土《ど》俵《ひょう》の模《も》型《けい》が縮《しゅく》尺《しゃく》通《どお》り、寸《すん》分《ぶん》たがわず作《つく》られた。

⑩ 泉《いずみ》で染《そ》め物《もの》を洗《あら》い、樹《じゅ》木《もく》のかげに干《ほ》した。

例文⑥〜⑩ 漢字をていねいになぞりましょう

名前

月　日

⑥ 貝塚《かいづか》は、魚の骨《ほね》や土《ど》器《き》の破《は》片《へん》を捨《す》てた穴《あな》だ。

⑦ 仁《じん》愛《あい》に満《み》ちた天《てん》皇《のう》皇《こう》后《ごう》両《りょう》陛《へい》下《か》の晩《ばん》さん会《かい》。

⑧ 机《つくえ》の上に一《いっ》冊《さつ》のノートと灰《はい》皿《ざら》を忘《わす》れている。

⑨ 土《ど》俵《ひょう》の模《も》型《けい》が縮《しゅく》尺《しゃく》通《どお》り、寸《すん》分《ぶん》たがわず作られた。

⑩ 泉《いずみ》で染《そ》め物《もの》を洗《あら》い、樹《じゅ》木《もく》のかげに干《ほ》した。

例文 ⑥～⑩

漢字に読みがなをつけましょう

名前

月　日

⑥ 貝塚《かいづか》は、魚の骨（　）や土（　）器（　）の破（　）片（へん）を捨（　）てた穴（　）だ。

⑦ 仁（　）愛（　）に満（　）ちた天（　）皇（　）皇（　）后（　）両（　）陛（　）下（　）の晩（　）さん会（　）。

⑧ 机（　）の上に一（　）冊（　）のノートと灰（　）皿（　）を忘（　）れている。

⑨ 土（　）俵（　）の模（　）型（　）が縮（　）尺（　）通（　）り、寸（　）分（　）たがわず作られた。

⑩ 泉（　）で染（　）め物（　）を洗（　）い、樹（　）木（　）のかげに干（　）した。

（答え➡15ページ）

漢字のでき方を読みましょう

名前

月　日

【象形《しょうけい》】

穴

あな

横穴《よこあな》

大昔《おおむかし》の家《いえ》の入り口の形《かたち》。昔《むかし》は半分地下《はんぶんちか》の家《いえ》を作《つく》っていたので、入り口は穴《あな》のようだった。

皇

コウ　オウ

皇室《こうしつ》　法皇《ほうおう》　※天皇《てんのう》（天《てん》＋皇《おう》⬇天皇《てんのう》　反《はん》＋応《おう》⬇反応《はんのう》）

王の象徴《しょうちょう》のまさかりの上に玉《ぎょく》の飾《かざ》りを付《つ》けた形《かたち》。「王、君主《くんしゅ》、天子《てんし》」の意味《いみ》。

冊

サツ

別冊《べっさつ》

木を打《う》ちこんださくの形《かたち》。竹簡《ちくかん》（文字を書《か》いた細長《ほそなが》い竹の札《ふだ》）を糸でつづったものがさくの形《かたち》に似《に》ていたので、書物《しょもつ》の意味《いみ》に使《つか》うようになった。

尺

シャク

尺度《しゃくど》

親指《おやゆび》と中指《なかゆび》をいっぱいに広《ひろ》げて下向《したむ》きにした形《かたち》。一尺《いっしゃく》は一寸《いっすん》の十倍《ばい》で、日本では約《やく》三〇センチメートル。「ものさし」の意味《いみ》もある。

泉

いずみ　セン

泉《いずみ》がわく　温泉《おんせん》

がけの下から水が流《なが》れ出る泉《いずみ》の形《かたち》。

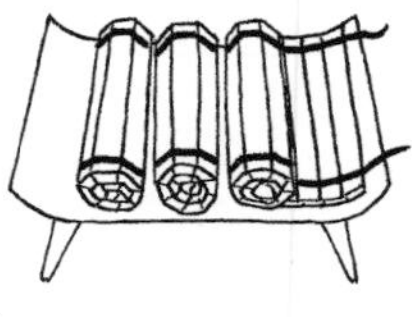

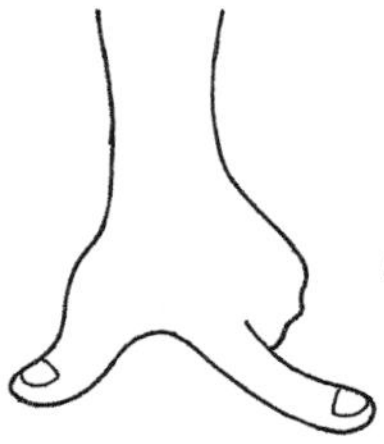

例文⑥〜⑩

漢字の練習をしましょう

名前

月　日

（答え⬇15ページ）

⑥ 貝塚《かいづか》は、魚の骨《ほね》や□《ど》□《き》の□《は》片《へん》を捨《す》てた□《あな》だ。

⑦ □《じん》□《あい》に□《み》ちた天《てん》皇《のう》皇《こう》后《ごう》□《りょう》□《へい》下《か》の晩《ばん》さん会《かい》。

⑧ 机《つくえ》の上に□《いっ》□《さつ》のノートと□《はい》□《ざら》を忘《わす》れている。

⑨ □《ど》□《ひょう》の模《も》型《けい》が縮《しゅく》尺《しゃく》□《どお》り、□《すん》□《ぶん》たがわず作られた。

⑩ □《いずみ》で染《そ》め物《もの》を洗《あら》い、□《じゅ》□《もく》のかげに干《ほ》した。

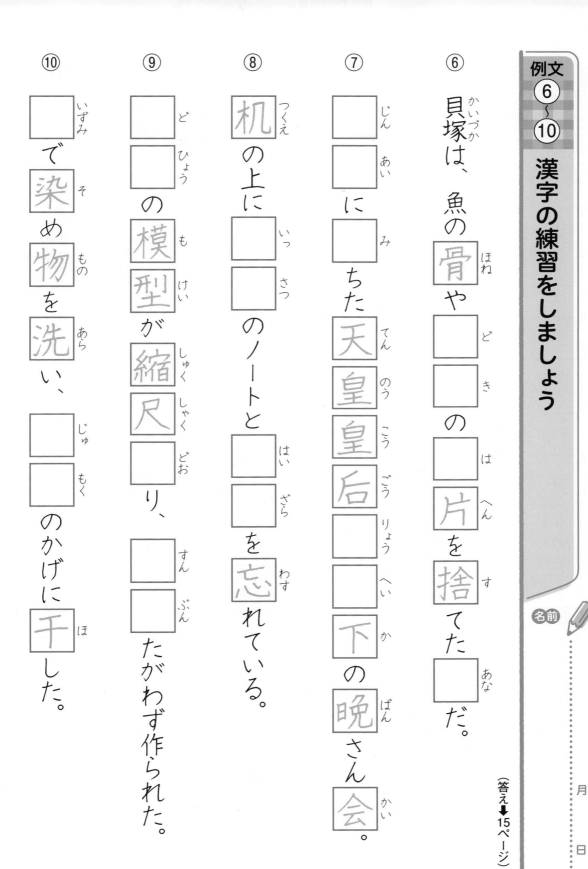

例文⑥〜⑩ 漢字の練習をしましょう

名前

月　日

（答え➡15ページ）

⑥ 貝塚《かいづか》は、魚の□《ほね》や□《ど》□《き》の破《は》片《へん》を□《す》てた穴《あな》だ。

⑦ 仁《じん》愛《あい》に□《み》ちた□《てん》□《のう》□《こう》□《ごう》両《りょう》陛《へい》下《か》の□《ばん》さん□《かい》。

⑧ □《つくえ》の上に一《いっ》冊《さつ》のノートと灰《はい》皿《ざら》を□《わす》れている。

⑨ 土《ど》俵《ひょう》の□《も》□《けい》が□《しゅく》□《しゃく》□《どお》り、寸《すん》分《ぶん》たがわず作られた。

⑩ 泉《いずみ》で□《そ》め□《もの》を□《あら》い、樹《じゅ》木《もく》のかげに□《ほ》した。

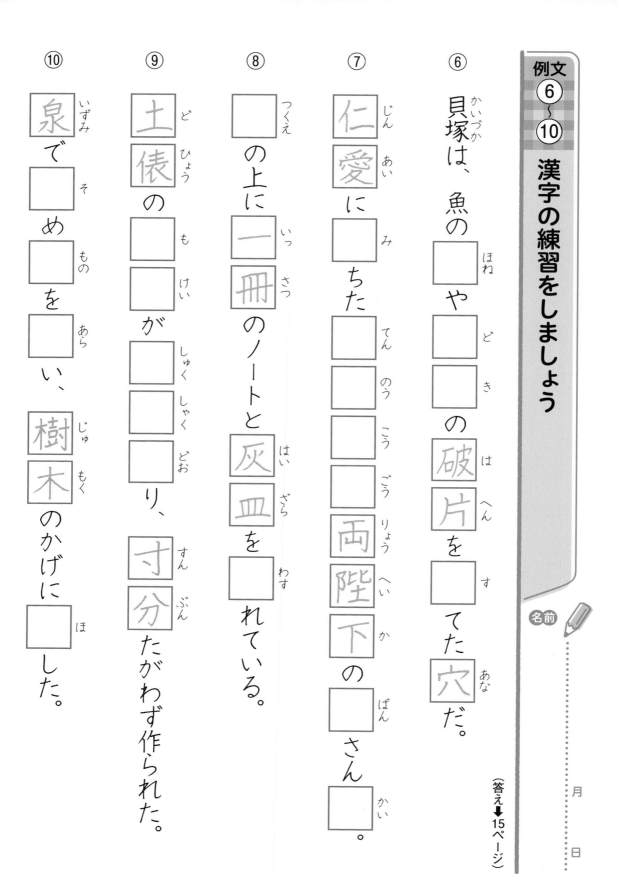

例文⑥〜⑩

漢字を書きましょう

名前

月　日

（答え⬇15ページ）

⑥ 貝塚《かいづか》は、魚の□《ほね》や□《ど》□《き》の□《は》片《へん》を□《す》てた□《あな》だ。

⑦ □《じん》□《あい》に□《み》ちた□《てん》□《のう》□《こう》□《ごう》□《りょう》□《へい》□《か》の□《ばん》さん□《かい》。

⑧ □《つくえ》の上に□《いっ》□《さつ》のノートと□《はい》□《ざら》を□《わす》れている。

⑨ □《ど》□《ひょう》の□《も》□《けい》が□《しゅく》□《しゃく》□《どお》り、□《すん》□《ぶん》たがわず作られた。

⑩ □《いずみ》で□《そ》め□《もの》を□《あら》い、□《じゅ》□《もく》のかげに□《ほ》した。

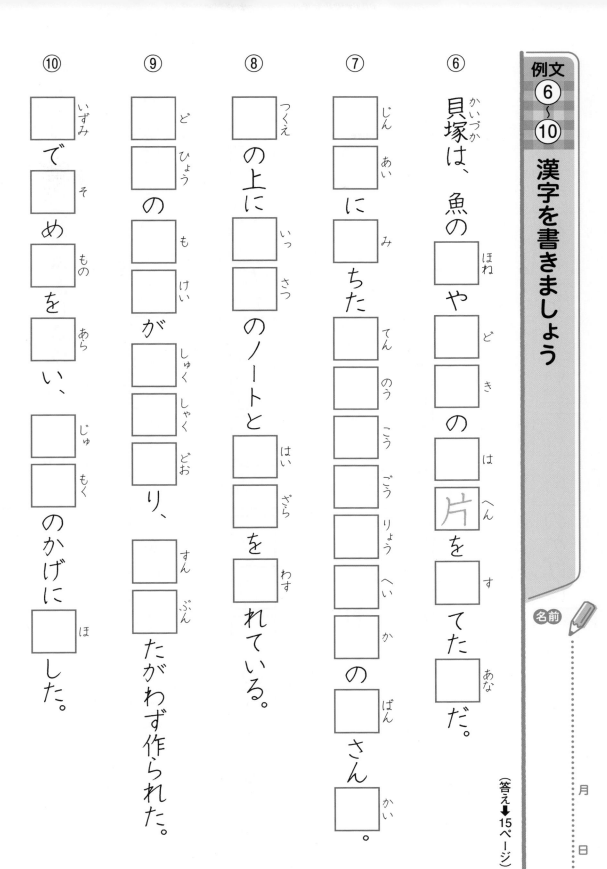

例文 ⑥～⑩

漢字を書きましょう

名前

月　日

（答え➡15ページ）

⑥ 貝塚《かいづか》は、魚の□《ほね》や□《ど》□《き》の□《は》片《へん》を□《す》てた□《あな》だ。

⑦ □《じん》□《あい》に□《み》ちた□《てん》□《のう》□《こう》□《ごう》□《りょう》□《へい》□《か》の□《ばん》さん□《かい》。

⑧ □《つくえ》の上に□《いっ》□《さつ》のノートと□《はい》□《ざら》を□《わす》れている。

⑨ □《ど》□《ひょう》の□《も》□《けい》が□《しゅく》□《しゃく》□《どお》り、□《すん》□《ぶん》たがわず作られた。

⑩ □《いずみ》で□《そ》め□《もの》を□《あら》い、□《じゅ》□《もく》のかげに□《ほ》した。

例文⑪〜⑮

文を三回読みましょう

名前

月　日

⑪ 裏口《うらぐち》から訪《たず》ねてきたのは、亡父《ぼうふ》の恩人《おんじん》だった。

⑫ 幼児《ようじ》が誤《あやま》ってお供《そな》えの卵《たまご》を食《た》べ、腹痛《ふくつう》に。

⑬ 看護師《かんごし》は注射針《ちゅうしゃばり》をさし、糖分《とうぶん》を補《おぎな》った。

⑭ 宝探《たからさが》しがテーマの映画《えいが》を何巻《なんかん》も収納《しゅうのう》した。

⑮ 尊敬《そんけい》する俳優《はいゆう》が批判《ひはん》され、つい興奮《こうふん》した。

例文 ⑪〜⑮

漢字をていねいになぞりましょう

名前

月　日

⑪ 裏《うら》口《ぐち》から訪《たず》ねてきたのは、亡《ぼう》父《ふ》の恩《おん》人《じん》だった。

⑫ 幼《よう》児《じ》が誤《あやま》ってお供《そな》えの卵《たまご》を食べ、腹《ふく》痛《つう》に。

⑬ 看《かん》護《ご》師《し》は注《ちゅう》射《しゃ》針《ばり》をさし、糖《とう》分《ぶん》を補《おぎな》った。

⑭ 宝《たから》探《さが》しがテーマの映《えい》画《が》を何《なん》巻《かん》も収《しゅう》納《のう》した。

⑮ 尊《そん》敬《けい》する俳《はい》優《ゆう》が批《ひ》判《はん》され、つい興《こう》奮《ふん》した。

例文⑪〜⑮

漢字に読みがなをつけましょう

名前

月　日

（答え➡23ページ）

⑪ 裏口から訪ねてきたのは、亡父の恩人だった。

⑫ 幼児が誤ってお供えの卵を食べ、腹痛に。

⑬ 看護師は注射針をさし、糖分を補った。

⑭ 宝探しがテーマの映画を何巻も収納した。

⑮ 尊敬する俳優が批判され、つい興奮した。

漢字のでき方を読みましょう

名前

月　日

【象形《しょうけい》】

亡 ボウ

死亡《しぼう》

手足を折《お》り曲《ま》げている死者《ししゃ》の形《かたち》。それで「死《し》ぬ」意味《いみ》。

卵 たまご

生卵《なまたまご》

卵《たまご》が向《む》かい合っている形《かたち》。

【会意《かいい》】

二つ以上《いじょう》の漢字《かんじ》を意味《いみ》の上から組《く》み合《あ》わせ、新《あたら》しい別《べつ》の漢字《かんじ》を作《つく》る方法《ほうほう》。例《れい》➡「手」と「目」を合《あ》わせて「看《かん》」など。

看 カン

看護師《かんごし》

手＋目。目の上に手をかざして見ること。

収 おさ-める　シュウ

成功《せいこう》を収《おさ》める　収入《しゅうにゅう》

元《もと》の字の「收《しゅう》」は「丩」＋「攴（攵）」。縄《なわ》を打《う》ち固《かた》め、強《つよ》くまとめて「おさめる」という意味《いみ》。

尊 たっと-い　とうと-ぶ　ソン

尊《たっと》い教《おし》え　親《おや》を尊《とうと》ぶ　尊重《そんちょう》

酋《しゅう》＋寸《すん》（）。酋《しゅう》は、酒《さけ》のいいにおいが出ている（八）酒《さか》だる（酉）のこと。

尊《そん》はそれを手で神《かみ》に供《そな》えている形《かたち》なので、「たっとぶ・とうとぶ」意味《いみ》になる。

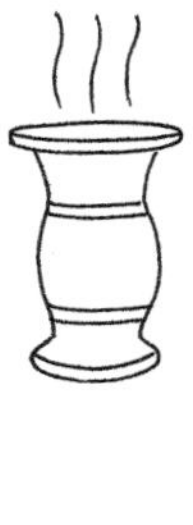

例文 ⑪～⑮

漢字の練習をしましょう

名前

月　日

（答え➡23ページ）

⑪ 裏《うら》口《ぐち》から訪《たず》ねてきたのは、□《ぼう》□《ふ》の□《おん》□《じん》だった。

⑫ □《よう》□《じ》が誤《あやま》ってお□《そな》えの卵《たまご》を食べ、腹《ふく》痛《つう》に。

⑬ □《かん》□《ご》□《し》は注《ちゅう》射《しゃ》針《ばり》をさし、糖《とう》分《ぶん》を□《おぎな》った。

⑭ 宝《たから》探《さが》しがテーマの□《えい》□《が》を□《なん》□《かん》も収《しゅう》納《のう》した。

⑮ 尊《そん》敬《けい》する俳《はい》優《ゆう》が□《ひ》□《はん》され、つい興《こう》奮《ふん》した。

例文⑪～⑮

漢字の練習をしましょう

名前

月　日

（答え➡23ページ）

⑪ □《うら》□《ぐち》から□《たず》ねてきたのは、亡《ぼう》父《ふ》の恩《おん》人《じん》だった。

⑫ 幼《よう》児《じ》が□《あやま》ってお供《そな》えの□《たまご》を食べ、□《ふく》□《つう》に。

⑬ 看《かん》護《ご》師《し》は□《ちゅう》□《しゃ》□《ばり》をさし、□《とう》□《ぶん》を補《おぎな》った。

⑭ □《たから》□《さが》しがテーマの映《えい》画《が》を何《なん》巻《かん》も□《しゅう》□《のう》した。

⑮ □《そん》□《けい》する□《はい》□《ゆう》が批《ひ》判《はん》され、つい□《こう》□《ふん》した。

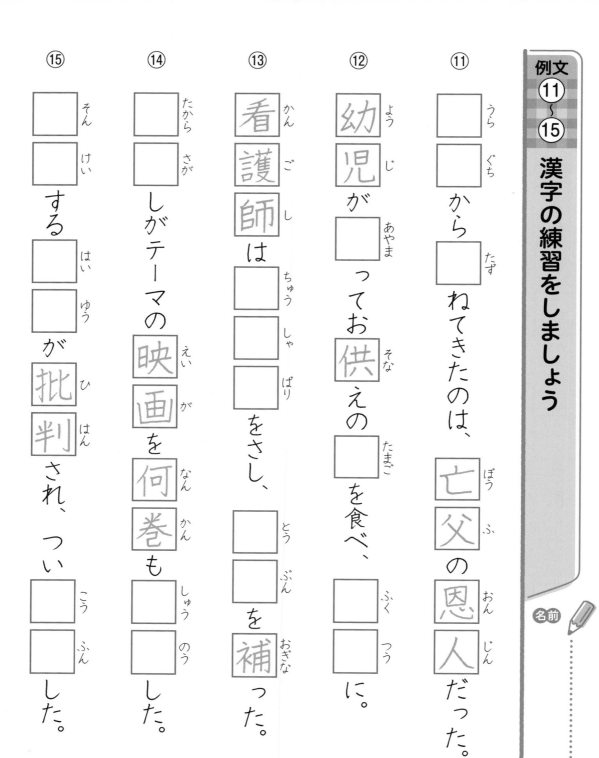

例文⑪～⑮ 漢字を書きましょう

名前

月　日

⑪ □《うら》□《ぐち》から□《たず》ねてきたのは、□《ぼう》□《ふ》の□《おん》□《じん》だった。

⑫ □《よう》□《じ》が□《あやま》ってお□《そな》えの□《たまご》を食べ、□《ふく》□《つう》に。

⑬ □《かん》□《ご》□《し》は□《ちゅう》□《しゃ》□《ばり》をさし、□《とう》□《ぶん》を□《おぎな》った。

⑭ □《たから》□《さが》しがテーマの□《えい》□《が》を□《なん》□《かん》も□《しゅう》□《のう》した。

⑮ □《そん》□《けい》する□《はい》□《ゆう》が□《ひ》□《はん》され、つい□《こう》□《ふん》した。

（答え➡23ページ）

例文⑪～⑮

漢字を書きましょう

名前

月　日

⑪ □《うら》□《ぐち》から□《たず》ねてきたのは、□《ぼう》□《ふ》の□《おん》□《じん》だった。

⑫ □《よう》□《じ》が□《あやま》ってお□《そな》えの□《たまご》を食べ、□《ふく》□《つう》に。

⑬ □《かん》□《ご》□《し》は□《ちゅう》□《しゃ》□《ばり》をさし、□《とう》□《ぶん》を□《おぎな》った。

⑭ □《たから》□《さが》しがテーマの□《えい》□《が》を□《なん》□《かん》も□《しゅう》□《のう》した。

⑮ □《そん》□《けい》する□《はい》□《ゆう》が□《ひ》□《はん》され、つい□《こう》□《ふん》した。

（答え➡23ページ）

例文 ⑯〜⑳

文を三回読みましょう

名前

月　日

⑯ 劇《げき》薬《やく》貯《ちょ》蔵《ぞう》庫《こ》は危《き》険《けん》なので、立《たち》入《いり》厳《げん》禁《きん》。

⑰ 退《たい》職《しょく》する母《はは》に、孝《こう》行《こう》息子《むすこ》は金《きん》銭《せん》と宝《ほう》石《せき》をおくる。

⑱ 庁《ちょう》舎《しゃ》の窓《まど》から山《さん》頂《ちょう》に降《ふ》る雪《ゆき》が見《み》えた。

⑲ 並《なみ》木《き》道《みち》に沿《そ》って進《すす》むと、松《まつ》の切《き》り株《かぶ》に至《いた》る。

⑳ 宗《しゅう》派《は》に関《かん》係《けい》なく神《かみ》や仏《ほとけ》を拝《おが》む人《ひと》がいる。

例文 ⑯〜⑳

漢字をていねいになぞりましょう

名前

月　日

⑯ 劇《げき》薬《やく》貯《ちょ》蔵《ぞう》庫《こ》は危《き》険《けん》なので、立《たち》入《いり》厳《げん》禁《きん》。

⑰ 退《たい》職《しょく》する母に、孝《こう》行《こう》息子《むすこ》は金《きん》銭《せん》と宝《ほう》石《せき》をおくる。

⑱ 庁《ちょう》舎《しゃ》の窓《まど》から山《さん》頂《ちょう》に降《ふ》る雪が見えた。

⑲ 並《なみ》木《き》道《みち》に沿《そ》って進《すす》むと、松《まつ》の切《き》り株《かぶ》に至《いた》る。

⑳ 宗《しゅう》派《は》に関《かん》係《けい》なく神《かみ》や仏《ほとけ》を拝《おが》む人がいる。

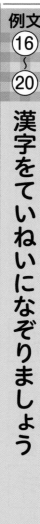

郵　便　は　が　き

料金受取人払郵便

大阪北局
承　認
246

差出有効期間
2024年５月31日まで
※切手を貼らずに
お出しください。

５３０-８７９０

１５６

大阪市北区曽根崎２－11－16
梅田セントラルビル

清風堂書店
愛読者係　行

愛読者カード　ご購入ありがとうございます。

フリガナ / お名前		性別	男　・　女
		年齢	歳
TEL / FAX	（　　）	ご職業	
ご住所	〒　　－		
E-mail	@		

ご記入いただいた個人情報は、当社の出版の参考にのみ活用させていただきます。
第三者には一切開示いたしません。

□学力がアップする教材満載のカタログ送付を希望します。

●ご購入書籍・プリント名

●ご購入店舗・サイト名等（　　　　　　　　　　　　　　　　　　　　　　）

●ご購入の決め手は何ですか？（あてはまる数字に○をつけてください。）

1．表紙・タイトル　　2．中身　　3．価格　　4．SNSやHP
5．知人の紹介　　6．その他（　　　　　　　　　　　　　　）

●本書の内容にはご満足いただけたでしょうか？（あてはまる数字に○をつけてください。）

たいへん満足　5 ― 4 ― 3 ― 2 ― 1　不満

●本書の良かったところや改善してほしいところを教えてください。

●ご意見・ご感想、本書の内容に関してのご質問、また今後欲しい商品のアイデアがありましたら下欄にご記入ください。

ご協力ありがとうございました。

★ご感想を小社HP等で匿名でご紹介させていただく場合もございます。　□可　□不可

★おハガキをいただいた方の中から抽選で10名様に2,000円分の図書カードをプレゼント！
当選の発表は、賞品の発送をもってかえさせていただきます。

例文⑯〜⑳

漢字に読みがなをつけましょう

名前　　月　　日

（答え↓31ページ）

⑯ 劇薬貯蔵庫は危険なので、立入厳禁。

⑰ 退職する母に、孝行息子《むすこ》は金銭と宝石をおくる。

⑱ 庁舎の窓から山頂に降る雪が見えた。

⑲ 並木道に沿って進むと、松の切り株に至る。

⑳ 宗派に関係なく神や仏を拝む人がいる。

例文⑯～⑳

漢字のでき方を読みましょう

名前

月　日

【会意《かいい》】

劇

ゲキ　演劇《えんげき》　劇薬《げきやく》

豦＋刂。昔《むかし》、戦《たたか》いに勝《か》つように、虎《とら》の皮《かわ》を着《き》た人を刀《かたな》で切《き》る劇《げき》をして祈《いの》った。その劇《げき》の動《うご》きがはげしかったので、「げき・はげしい」という意味《いみ》を表《あらわ》す。

孝

コウ　親孝行《おやこうこう》

⺹＋子。⺹は老《ろう》の省略形《しょうりゃくけい》。子供《こども》がよく老人《ろうじん》に仕《つか》えることから「親思《おやおも》い」の意味《いみ》。

降

お-りる　ふ-る　コウ　電車《でんしゃ》を降《お》りる　雨《あめ》が降《ふ》る　下降《かこう》

阝＋夅。阝は神《かみ》が使《つか》うはしご。夅は神《かみ》の下向《したむ》きの左右の足の形《かたち》で、神《かみ》が降《お》りてくることを表《あらわ》す。それで「上の方《ほう》から下へ行《い》く」ことを表《あらわ》すようになった。

並

なみ　なら-ぶ　並木道《なみきみち》　二列《にれつ》に並《なら》ぶ

元《もと》の字は竝で、立＋立。左右に二人が並《なら》んで立つことを表《あらわ》す。

拝

おが-む　ハイ　神《かみ》を拝《おが》む　参拝《さんぱい》

扌＋𠦪(手)。𠦪は花の形《かたち》。しゃがんで花を手でぬく姿《すがた》が、拝礼《はいれい》する姿《すがた》に似《に》ているので「おがむ」意味《いみ》になった。

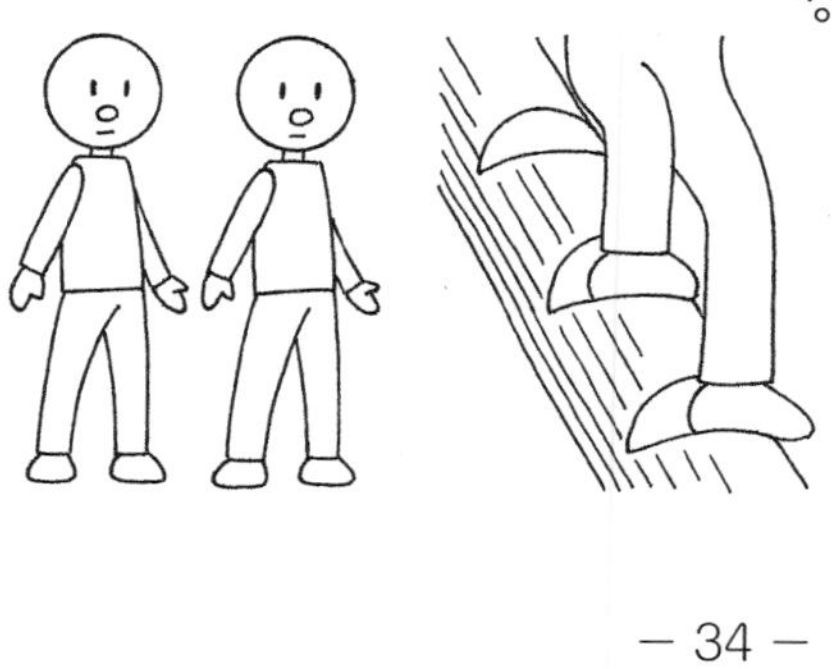

例文⑯～⑳

漢字の練習をしましょう

名前

月　日

（答え↓31ページ）

⑯ □《げき》□《やく》貯《ちょ》蔵《ぞう》庫《こ》は□《き》□《けん》なので、立《たち》入《いり》厳《げん》禁《きん》。

⑰ □《たい》□《しょく》する母に、孝《こう》行《こう》息子《むすこ》は□《きん》□《せん》と宝《ほう》石《せき》をおくる。

⑱ 庁《ちょう》舎《しゃ》の□《まど》から□《さん》□《ちょう》に降《ふ》る雪が見えた。

⑲ 並《なみ》木《き》道《みち》に沿《そ》って□《すす》むと、□《まつ》の□《き》り□《かぶ》に□《いた》る。

⑳ 宗《しゅう》派《は》に□《かん》□《けい》なく□《かみ》や仏《ほとけ》を□《おが》む人がいる。

例文⑯〜⑳

漢字の練習をしましょう

名前

月　日

(答え↓31ページ)

⑯ 劇《げき》薬《やく》□《ちょ》□《ぞう》□《こ》は危《き》険《けん》なので、□《たち》□《いり》□《げん》□《きん》。

⑰ 退《たい》職《しょく》する母に、□《こう》□《こう》息子《むすこ》は金《きん》銭《せん》と□《ほう》□《せき》をおくる。

⑱ □《ちょう》□《しゃ》の窓《まど》から山《さん》頂《ちょう》に□《ふ》る雪が見えた。

⑲ □《なみ》□《き》□《みち》に□《そ》って□《すす》むと、□《まつ》の切《き》り株《かぶ》に至《いた》る。

⑳ 宗《しゅう》派《は》に□《かん》□《けい》なく□《かみ》や□《ほとけ》を拝《おが》む人がいる。

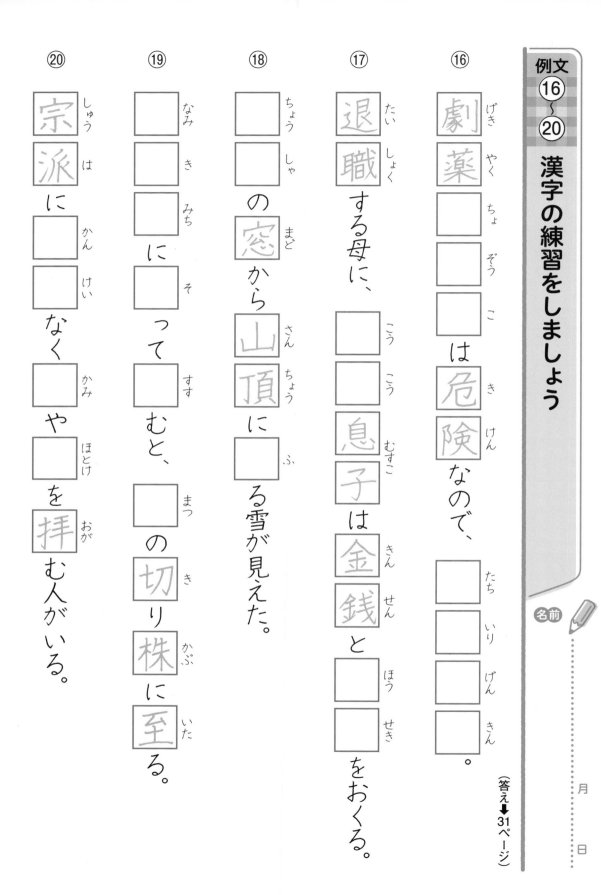

例文⑯〜⑳

漢字を書きましょう

名前

月　日

(答え⬇31ページ)

⑯ □《げき》□《やく》□《ちょ》□《ぞう》□《こ》は□《き》□《けん》なので、□《たち》□《いり》□《げん》□《きん》。

⑰ □《たい》□《しょく》する母に、□《こう》□《こう》息子《むすこ》は□《きん》□《せん》と□《ほう》□《せき》をおくる。

⑱ □《ちょう》□《しゃ》の□《まど》から□《さん》□《ちょう》に□《ふ》る雪が見えた。

⑲ □《なみ》□《き》□《みち》に□《そ》って□《すす》むと、□《まつ》の□《き》り□《かぶ》に□《いた》る。

⑳ □《しゅう》□《は》に□《かん》□《けい》なく□《かみ》や□《ほとけ》を□《おが》む人がいる。

例文⑯～⑳ 漢字を書きましょう

名前

月　日

（答え↓31ページ）

⑯ □《げき》□《やく》□《ちょ》□《ぞう》□《こ》は□《き》□《けん》なので、□《たち》□《いり》□《げん》□《きん》。

⑰ □《たい》□《しょく》する母に、□《こう》□《こう》息子《むすこ》は□《きん》□《せん》と□《ほう》□《せき》をおくる。

⑱ □《ちょう》□《しゃ》の□《まど》から□《さん》□《ちょう》に□《ふ》る雪が見えた。

⑲ □《なみ》□《き》□《みち》に□《そ》って□《すす》むと、□《まつ》の□《き》り□《かぶ》に□《いた》る。

⑳ □《しゅう》□《は》に□《かん》□《けい》なく□《かみ》や□《ほとけ》を□《おが》む人がいる。

例文㉑～㉕ 文を三回読みましょう

名前

月　日

㉑ 水《すい》蒸《じょう》気《き》が冷《ひ》えて、葉《は》の裏《うら》から水《みず》が垂《た》れた。

㉒ 川《かわ》の水《みず》を処《しょ》理《り》し、雑《ざっ》きんを除《のぞ》く装《そう》置《ち》を視《し》察《さつ》した。

㉓ 応《おう》仁《にん》の乱《らん》は、幕《ばく》府《ふ》の将《しょう》軍《ぐん》の後《あと》つぎ問《もん》題《だい》。

㉔ 内《ない》閣《かく》総《そう》理《り》大《だい》臣《じん》に就《しゅう》任《にん》した衆《しゅう》議《ぎ》院《いん》議《ぎ》員《いん》。

㉕ 指《し》揮《き》と演《えん》奏《そう》に合《あ》わせ、聖《せい》歌《か》の歌《か》詞《し》を歌《うた》った。

例文㉑～㉕

漢字をていねいになぞりましょう

名前

月　日

㉑ 水《すい》蒸《じょう》気《き》が冷《ひ》えて、葉《は》の裏《うら》から水が垂《た》れた。

㉒ 川の水を処《しょ》理《り》し、雑《ざっ》きんを除《のぞ》く装《そう》置《ち》を視《し》察《さつ》した。

㉓ 応《おう》仁《にん》の乱《らん》は、幕《ばく》府《ふ》の将《しょう》軍《ぐん》の後つぎ問《もん》題《だい》。

㉔ 内《ない》閣《かく》総《そう》理《り》大《だい》臣《じん》に就《しゅう》任《にん》した衆《しゅう》議《ぎ》院《いん》議《ぎ》員《いん》。

㉕ 指《し》揮《き》と演《えん》奏《そう》に合わせ、聖《せい》歌《か》の歌《か》詞《し》を歌った。

例文 ㉑〜㉕

漢字に読みがなをつけましょう

名前

月　日

（答え➡39ページ）

㉑ 水蒸気が冷えて、葉の裏から水が垂れた。

㉒ 川の水を処理し、雑きんを除く装置を視察した。

㉓ 応仁《にん》の乱は、幕府の将軍の後つぎ問題。

㉔ 内閣総理大臣に就任した衆議院議員。

㉕ 指揮と演奏に合わせ、聖歌の歌詞を歌った。

漢字のでき方を読みましょう

名前　月　日

【会意《かいい》】

垂

たーれる　スイ

垂《た》れ下《さ》がる　垂直《すいちょく》

乑＋土。乑は、花や葉《は》が垂《た》れ下がっている様子《ようす》。土を加《くわ》えて、垂《た》れて土に届《とど》くことで、「たれる」という意味《いみ》を表《あらわ》す。

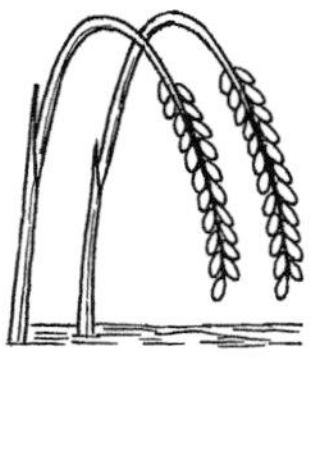

処

ショ

処理《しょり》

元《もと》の字は處《しょ》で、虎《とら》＋几《き》。戦《たたか》いに勝《か》つお祈《いの》りをするとき、虎《とら》の皮《かわ》を着《き》た人が几（こしかけ）にすわっている形《かたち》。それで、「（人が）いるところ」の意味《いみ》を表《あらわ》す。後《のち》に「きめる」の意味《いみ》も加《くわ》わった。

将

ショウ

主将《しゅしょう》

元《もと》の字は將《しょう》で、爿＋夕＋寸《すん》。爿は左にたおすと足のついた机《つくえ》の形《かたち》。そこに肉《にく》（夕）を手（寸）で供《そな》えて、戦《たたか》いに勝《か》つことを神《かみ》に祈《いの》る人、将軍《しょうぐん》のことを表《あらわ》す。

就

シュウ

就職《しゅうしょく》

京《きょう》＋尤《ゆう》。都《みやこ》の城門《じょうもん》（京）に、いけにえの犬（尤）を供《そな》えて完成《かんせい》したことを祝《いわ》うことから、「完成《かんせい》する・なる」の意味《いみ》を表《あらわ》す。また、完成《かんせい》するといろいろな人が位《くらい》につくので、「就《つ》く」意味《いみ》を表《あらわ》す。

聖

セイ

聖者《せいじゃ》

元《もと》の字は聖《せい》で、耳＋口＋壬。祈《いの》りの文を入れた箱《はこ》（𠙵）を持《も》っている人（壬）が、神《かみ》に祈《いの》り、神《かみ》のお告《つ》げを耳で聞《き》くという字。神《かみ》のお告《つ》げを聞《き》くことができる人を「聖人《せいじん》」と呼《よ》んでいた。

例文㉑〜㉕

漢字の練習をしましょう

名前

月　日

（答え➡39ページ）

㉑ □《すい》□《じょう》□《き》が□《ひ》えて、□《は》の裏《うら》から水が垂《た》れた。

㉒ 川の水を□《しょ》□《り》し、□《ざっ》きんを除《のぞ》く装《そう》置《ち》を□《し》□《さつ》した。

㉓ 応《おう》仁《にん》の□《らん》は、幕《ばく》府《ふ》の□《しょう》□《ぐん》の後つぎ□《もん》□《だい》。

㉔ 内《ない》閣《かく》□《そう》□《り》□《だい》□《じん》に就《しゅう》任《にん》した□《しゅう》□《ぎ》□《いん》□《ぎ》□《いん》。

㉕ 指《し》揮《き》と演《えん》奏《そう》に合わせ、□《せい》□《か》の□《か》□《し》を歌った。

例文㉑〜㉕ 漢字の練習をしましょう

名前

月　日

（答え⬇39ページ）

㉑ 水《すい》蒸《じょう》気《き》が□《ひ》えて、□《は》の裏《うら》から水が□《た》れた。

㉒ 川の水を処《しょ》理《り》し、□《ざっ》きんを□《のぞ》く□《そう》□《ち》を視《し》察《さつ》した。

㉓ 応《おう》仁《にん》の乱《らん》は、□《ばく》□《ふ》の将《しょう》軍《ぐん》の後つぎ□《もん》□《だい》。

㉔ □《ない》□《かく》総《そう》理《り》大《だい》臣《じん》に□《しゅう》□《にん》した衆《しゅう》議《ぎ》院《いん》□《ぎ》□《いん》。

㉕ □《し》□《き》と□《えん》□《そう》に合わせ、聖《せい》歌《か》の歌《か》詞《し》を歌った。

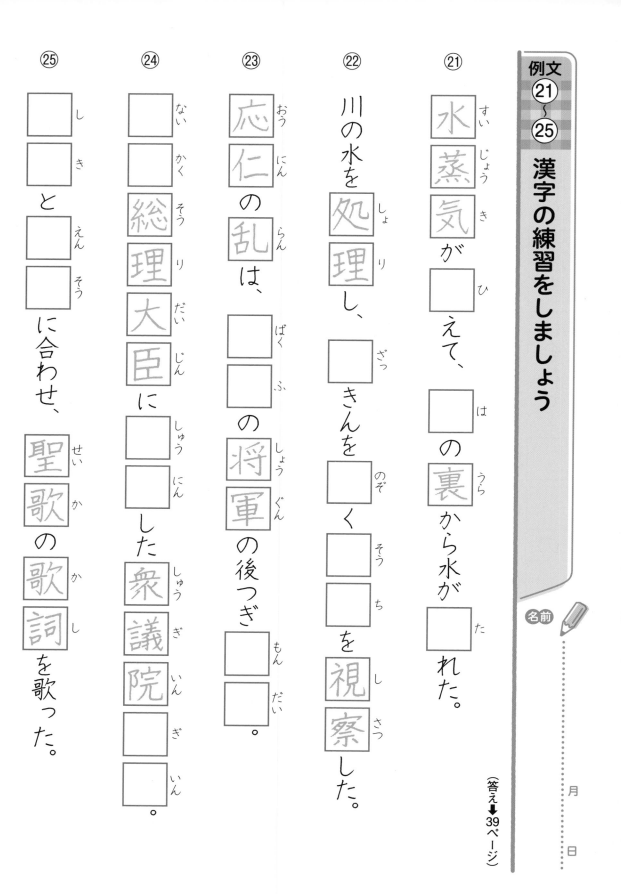

例文 ㉑〜㉕

漢字を書きましょう

名前

月　日

（答え↓39ページ）

㉑ □《すい》□《じょう》□《き》が□《ひ》えて、□《は》の□《うら》から水が□《た》れた。

㉒ 川の水を□《しょ》□《り》し、□《ざっ》きんを□《のぞ》く□《そう》□《ち》を□《し》□《さつ》した。

㉓ □《おう》仁《にん》の□《らん》は、□《ばく》□《ふ》の□《しょう》□《ぐん》の後つぎ□《もん》□《だい》。

㉔ □《ない》□《かく》□《そう》□《り》□《だい》□《じん》に□《しゅう》□《にん》した□《しゅう》□《ぎ》□《いん》□《ぎ》□《いん》。

㉕ □《し》□《き》と□《えん》□《そう》に合わせ、□《せい》□《か》の□《か》□《し》を歌った。

例文㉑〜㉕ 漢字を書きましょう

名前

月　日

（答え⬇39ページ）

㉑ □《すい》□《じょう》□《き》が□《ひ》えて、□《は》の□《うら》から水が□《た》れた。

㉒ 川の水を□《しょ》□《り》し、□《ざっ》きんを□《のぞ》く□《そう》□《ち》を□《し》□《さつ》した。

㉓ □《おう》仁《にん》の□《らん》は、□《ばく》□《ふ》の□《しょう》□《ぐん》の後つぎ□《もん》□《だい》。

㉔ □《ない》□《かく》□《そう》□《り》□《だい》□《じん》に□《しゅう》□《にん》した□《しゅう》□《ぎ》□《いん》□《ぎ》□《いん》。

㉕ □《し》□《き》と□《えん》□《そう》に合わせ、□《せい》□《か》の□《か》□《し》を歌った。

例文 ㉖〜㉚

文を三回読みましょう

名前

月　日

㉖ 蚕《かいこ》から取《と》った純《じゅん》白《ぱく》の絹《きぬ》糸《いと》を、紅《べに》色《いろ》に染《そ》める。

㉗ 今《いま》の暮《く》らしを改《かい》善《ぜん》するよう対《たい》策《さく》を練《ね》る。

㉘ 確《たし》かに存《そん》在《ざい》した預《よ》金《きん》通《つう》帳《ちょう》をなくした。

㉙ 著《ちょ》名《めい》画《が》家《か》の遺《い》作《さく》展《てん》覧《らん》会《かい》は延《えん》長《ちょう》された。

㉚ 暖《だん》ろの前《まえ》で子《こ》供《ども》を胸《むね》にだき、乳《ちち》を飲《の》ませる母《はは》。

例文㉖～㉚

漢字をていねいになぞりましょう

名前

月　日

㉖ 蚕《かいこ》から取《と》った純《じゅん》白《ぱく》の絹《きぬ》糸《いと》を、紅《べに》色《いろ》に染《そ》める。

㉗ 今の暮《く》らしを改《かい》善《ぜん》するよう対《たい》策《さく》を練《ね》る。

㉘ 確《たし》かに存《そん》在《ざい》した預《よ》金《きん》通《つう》帳《ちょう》をなくした。

㉙ 著《ちょ》名《めい》画家の遺《い》作《さく》展《てん》覧《らん》会《かい》は延《えん》長《ちょう》された。

㉚ 暖《だん》ろの前で子《こ》供《ども》を胸《むね》にだき、乳《ちち》を飲《の》ませる母。

例文 ㉖～㉚ 漢字に読みがなをつけましょう

名前

月　日

㉖ 蚕（　）から取（　）った純白（　）の絹糸（　）を、紅色（　）に染（　）める。

㉗ 今の暮（　）らしを改善（　）するよう対策（　）を練（　）る。

㉘ 確（　）かに存在（　）した預金通帳（　）をなくした。

㉙ 著名（　）画家の遺作展覧会（　）は延長（　）された。

㉚ 暖（　）ろの前で子供（　）を胸（　）にだき、乳（　）を飲（　）ませる母。

（答え➡47ページ）

例文 ㉖～㉚

漢字のでき方を読みましょう

名前

月　日

【会意《かいい》】

染

そ‐める　真っ赤《まっか》に染《そ》める

水（氵）＋朵。木の枝葉《えだは》（朵）を水に漬《つ》けて色《いろ》を出し、その液《えき》で糸や布《ぬの》を染《そ》めること。昔《むかし》はこのように草木染《くさきぞ》めというやり方《かた》で染《そ》め物《もの》をしていた。

善

よ‐い　ゼン　善《よ》い行《おこな》い　善意《ぜんい》

元《もと》の字は譱で、羊《ひつじ》＋誩。原告《げんこく》と被告《ひこく》（誩）が羊《ひつじ》を供《そな》えて裁判《さいばん》を受《う》ける様子《ようす》。神《かみ》が「よい」と判断《はんだん》した方《ほう》が正しいとされたことから「よい・正しい」の意味《いみ》になった。

存

ソン　ゾン　存続《そんぞく》　存分《ぞんぶん》

才《さい》＋子。才《さい》（目印《めじるし》の木）を飾《かざ》って儀式《ぎしき》をすることで子が生きること（生存《せいぞん》すること）が約束《やくそく》されたので、「ある・いきる」意味《いみ》を表《あらわ》す。

展

テン　展開《てんかい》

元《もと》の字は展で尸＋㠭＋衣《ころも》。死体《したい》（尸）の衣《ころも》の上に工の形《かたち》をした祈《いの》りの道具《どうぐ》を四つ置《お》き、悪《わる》い霊《れい》がつかないようにお祈《いの》りをしたあと、衣《ころも》を広《ひろ》げた。それで「ひろげる」という意味《いみ》になった。

乳

ちち　ニュウ　牛《うし》の乳《ちち》　乳児《にゅうじ》

元《もと》の字は乳で、𠆢＋孔《こう》。乳児《にゅうじ》（孔）の頭《あたま》に手をそえて（𠆢）、乳《ちち》を飲《の》ませる姿《すがた》。

例文㉖〜㉚

漢字の練習をしましょう

名前

月　日

（答え⬇47ページ）

㉖ 蚕《かいこ》から□《と》った□《じゅん》□《ぱく》の絹《きぬ》□《いと》を、□《べに》□《いろ》に染《そ》める。

㉗ 今の暮《く》らしを改《かい》善《ぜん》するよう□《たい》□《さく》を□《ね》る。

㉘ □《たし》かに存《そん》在《ざい》した預《よ》金《きん》□《つう》□《ちょう》をなくした。

㉙ 著《ちょ》名《めい》画家の□《い》□《さく》展《てん》覧《らん》会《かい》は□《えん》□《ちょう》された。

㉚ 暖《だん》ろの前で□《こ》□《ども》を胸《むね》にだき、□《ちち》を□《の》ませる母。

例文㉖～㉚

漢字の練習をしましょう

名前

月　日

（答え➡47ページ）

㉖ □《かいこ》から□《と》った純《じゅん》白《ぱく》の□《きぬ》□《いと》を、紅《べに》色《いろ》に□《そ》める。

㉗ 今の□《く》らしを□《かい》□《ぜん》するよう対《たい》策《さく》を練《ね》る。

㉘ 確《たし》かに□《そん》□《ざい》した□《よ》□《きん》□《つう》□《ちょう》をなくした。

㉙ □《ちょ》□《めい》画家の遺《い》作《さく》□《てん》□《らん》□《かい》は延《えん》長《ちょう》された。

㉚ □《だん》ろの前で子《こ》供《ども》を□《むね》にだき、乳《ちち》を□《の》ませる母。

例文 ㉖～㉚

漢字を書きましょう

（答え↓47ページ）

名前

月　日

㉖ □《かいこ》から□《と》った□《じゅん》□《ぱく》の□《きぬ》□《いと》を、□《べに》□《いろ》に□《そ》める。

㉗ 今の□《く》らしを□《かい》□《ぜん》するよう□《たい》□《さく》を□《ね》る。

㉘ □《たし》かに□《そん》□《ざい》した□《よ》□《きん》□《つう》□《ちょう》をなくした。

㉙ □《ちょ》□《めい》画家の□《い》□《さく》□《てん》□《らん》□《かい》は□《えん》□《ちょう》された。

㉚ □《だん》ろの前で□《こ》□《ども》を□《むね》にだき、□《ちち》を□《の》ませる母。

例文㉖～㉚

漢字を書きましょう

名前

月　日

（答え↓47ページ）

㉖ □《かいこ》から□《と》った□《じゅん》□《ぱく》の□《きぬ》□《いと》を、□《べに》□《いろ》に□《そ》める。

㉗ 今の□《く》らしを□《かい》□《ぜん》するよう□《たい》□《さく》を□《ね》る。

㉘ □《たし》かに□《そん》□《ざい》した□《よ》□《きん》□《つう》□《ちょう》をなくした。

㉙ □《ちょ》□《めい》画家の□《い》□《さく》□《てん》□《らん》□《かい》は□《えん》□《ちょう》された。

㉚ □《だん》ろの前で□《こ》□《ども》を□《むね》にだき、□《ちち》を□《の》ませる母。

例文 ㉛〜㉟

文を三回読みましょう

名前

月　日

㉛ スイッチを閉《と》じると、電《でん》磁《じ》石《しゃく》の装《そう》置《ち》が働《はたら》いた。

㉜ 宇《う》宙《ちゅう》誕《たん》生《じょう》の秘《ひ》密《みつ》を探《さぐ》る専《せん》門《もん》班《はん》を結《けっ》成《せい》。

㉝ 一《いち》枚《まい》の短《たん》冊《ざく》に俳《はい》句《く》を書《か》いて、翌《よく》日《じつ》提《てい》出《しゅつ》した。

㉞ 革《かく》新《しん》派《は》同《どう》盟《めい》が、臨《りん》時《じ》裁《さい》判《ばん》官《かん》を推《すい》せんした。

㉟ 日本語《にほんご》に訳《やく》された価《か》値《ち》のある雑《ざっ》誌《し》が郵《ゆう》送《そう》された。

例文 ㉛〜㉟

漢字をていねいになぞりましょう

名前

月　日

㉛ スイッチを閉《と》じると、電《でん》磁《じ》石《しゃく》の装《そう》置《ち》が働《はたら》いた。

㉜ 宇《う》宙《ちゅう》誕《たん》生《じょう》の秘《ひ》密《みつ》を探《さぐ》る専《せん》門《もん》班《はん》を結《けっ》成《せい》。

㉝ 一《いち》枚《まい》の短《たん》冊《ざく》に俳《はい》句《く》を書いて、翌《よく》日《じつ》提《てい》出《しゅつ》した。

㉞ 革《かく》新《しん》派《は》同《どう》盟《めい》が、臨《りん》時《じ》裁《さい》判《ばん》官《かん》を推《すい》せんした。

㉟ 日本語に訳《やく》された価《か》値《ち》のある雑《ざっ》誌《し》が郵《ゆう》送《そう》された。

例文 ㉛〜㉟ 漢字に読みがなをつけましょう

名前

月　日

（答え➡55ページ）

㉛ スイッチを閉（　）じると、電磁石（　）の装置（　）が働（　）いた。

㉜ 宇宙誕生（　）の秘密（　）を探（　）る専門班（　）を結成（　）。

㉝ 一枚（　）の短冊（　）に俳句（　）を書いて、翌日提出（　）した。

㉞ 革新派同盟（　）が、臨時裁判官（　）を推（　）せんした。

㉟ 日本語に訳（　）された価値（　）のある雑誌（　）が郵送（　）された。

漢字のでき方を読みましょう

名前

月　日

【会意《かいい》】

閉　班　枚　盟　郵

閉　とーじる　しーめる　ヘイ

目《め》を閉《と》じる　店《みせ》が閉《し》まる　開閉《かいへい》

門《もん》＋才《さい》。門《もん》に目印《めじるし》の木（才）を立てて、門《もん》の中に「とじこめる」、門《もん》を「閉《し》める」ことを表《あらわ》す。

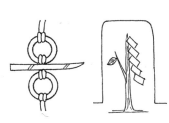

班　ハン

班長《はんちょう》

珏＋刂。つなげた二つの玉（王）を刀《かたな》で切《き》り分《わ》けること。それで、「分《わ》ける・分《わ》けたもの」の意味《いみ》を表《あらわ》す。

枚　マイ

枚数《まいすう》

木＋攴（攵）。木を斧《おの》などで打《う》って（攴）、うすい板切《いたき》れを作《つく》ること。それで、うすいものを数《かぞ》えるのに使《つか》う字になった。

盟　メイ

連盟《れんめい》

明《めい》＋皿《さら》（昔《むかし》の字では、血《ち》）。月明《つきあ》かりが差《さ》しこむ窓辺《まどべ》（明）に神《かみ》を祭《まつ》り、その前《まえ》で血《ち》をすすり、誓《ちか》い合《あ》うこと。今《いま》は「仲間《なかま》と約束《やくそく》する」という意味《いみ》を表《あらわ》す。

郵　ユウ

郵便《ゆうびん》

垂《すい》＋阝。阝（＝邑＝村《むら》）で、垂《すい》（＝花や葉《は》が垂《た》れ下がり土に届《とど》く形《かたち》）なので、郵《ゆう》は遠《とお》くはなれた村の意味《いみ》。それで「遠《とお》い地《ち》にも手紙《てがみ》を届《とど》ける」意味《いみ》になった。

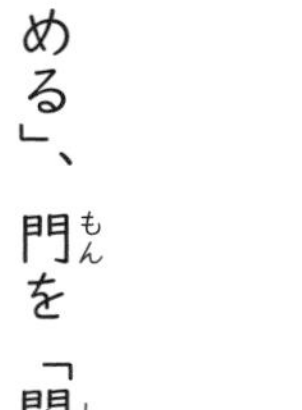

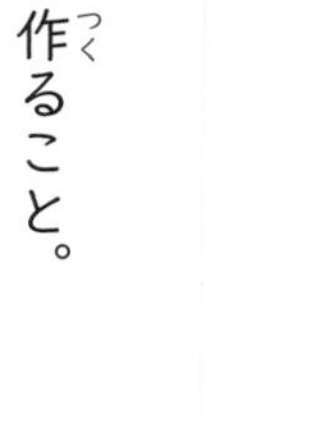

例文㉛～㉟

漢字の練習をしましょう

名前

月　日

（答え⬇55ページ）

㉛ スイッチを□《と》じると、電《でん》磁《じ》石《しゃく》の装《そう》置《ち》が□《はたら》いた。

㉜ □《う》□《ちゅう》誕《たん》生《じょう》の□《ひ》□《みつ》を探《さぐ》る専《せん》門《もん》班《はん》を□《けっ》□《せい》。

㉝ □《いち》□《まい》の□《たん》冊《ざく》に俳《はい》句《く》を書いて、翌《よく》日《じつ》□《てい》□《しゅつ》した。

㉞ 革《かく》新《しん》派《は》□《どう》□《めい》が、臨《りん》時《じ》□《さい》□《ばん》□《かん》を推《すい》せんした。

㉟ 日本語に訳《やく》された□《か》□《ち》のある□《ざっ》□《し》が郵《ゆう》送《そう》された。

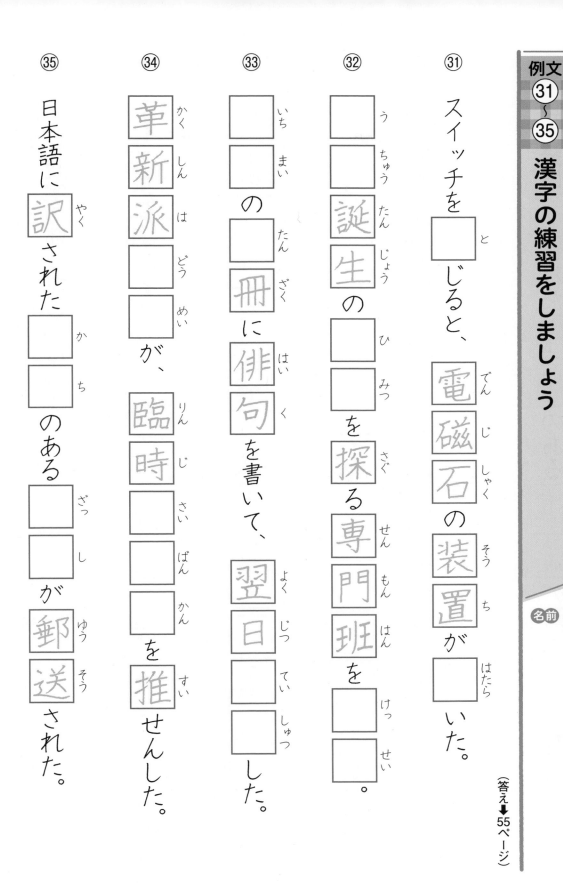

例文 ㉛～㉟

漢字の練習をしましょう

名前

月　日

（答え↓55ページ）

㉛ スイッチを閉《と》じると、□《でん》□《じ》□《しゃく》の装《そう》置《ち》が□《はたら》いた。

㉜ 宇《う》宙《ちゅう》□《たん》□《じょう》の秘《ひ》密《みつ》を探《さぐ》る□《せん》□《もん》□《はん》を□《けっ》□《せい》。

㉝ 一《いち》枚《まい》の□《たん》冊《ざく》に□《はい》□《く》を書いて、□《よく》□《じつ》提《てい》出《しゅつ》した。

㉞ □《かく》□《しん》□《は》同《どう》盟《めい》が、□《りん》□《じ》裁《さい》判《ばん》官《かん》を□《すい》せんした。

㉟ 日本語に□《やく》された価《か》値《ち》のある雑《ざっ》誌《し》が□《ゆう》□《そう》された。

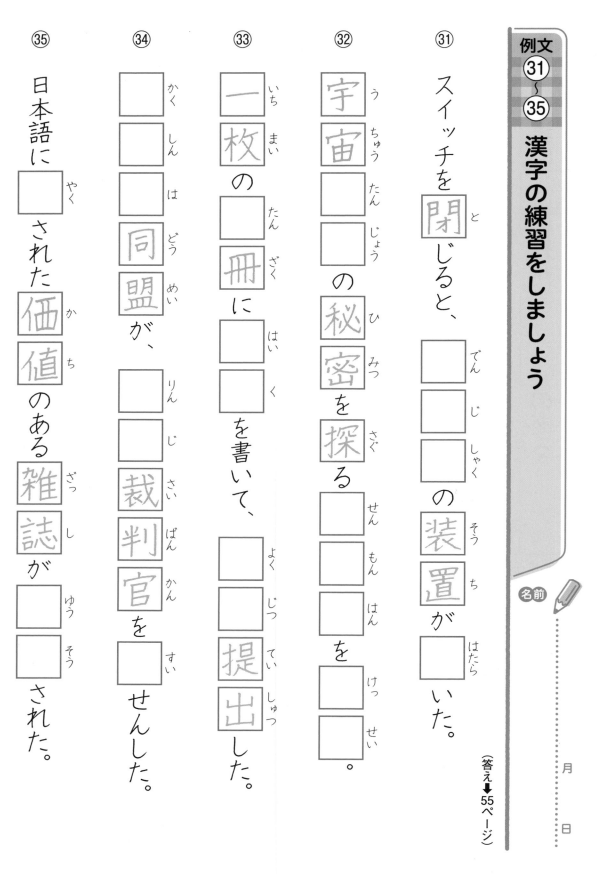

例文31～35 漢字を書きましょう

名前

月　日

（答え➡55ページ）

㉛ スイッチを□《と》じると、□《でん》□《じ》□《しゃく》の□《そう》□《ち》が□《はたら》いた。

㉜ □《う》□《ちゅう》□《たん》□《じょう》の□《ひ》□《みつ》を探《さぐ》る□《せん》□《もん》□《はん》を□《けっ》□《せい》。

㉝ □《いち》□《まい》の□《たん》冊《ざく》に□《はい》□《く》を書いて、□《よく》□《じつ》□《てい》□《しゅつ》した。

㉞ □《かく》□《しん》□《は》□《どう》□《めい》が、□《りん》□《じ》□《さい》□《ばん》□《かん》を□《すい》せんした。

㉟ 日本語に□《やく》された□《か》□《ち》のある□《ざっ》□《し》が□《ゆう》□《そう》された。

例文 ㉛～㉟

漢字を書きましょう

名前　　月　　日

（答え➡55ページ）

㉛ スイッチを□《と》じると、□《でん》□《じ》□《しゃく》の□《そう》□《ち》が□《はたら》いた。

㉜ □《う》□《ちゅう》□《たん》□《じょう》の□《ひ》□《みつ》を探《さぐ》る□《せん》□《もん》□《はん》を□《けっ》□《せい》。

㉝ □《いち》□《まい》の□《たん》冊《ざく》に□《はい》□《く》を書いて、□《よく》□《じつ》□《てい》□《しゅつ》した。

㉞ □《かく》□《しん》□《は》□《どう》□《めい》が、□《りん》□《じ》□《さい》□《ばん》□《かん》を□《すい》せんした。

㉟ 日本語に□《やく》された□《か》□《ち》のある□《ざっ》□《し》が□《ゆう》□《そう》された。

例文36〜40 文を三回読みましょう

名前

月　日

㊱ 私《わたし》（わたくし）がなくしたくつの片《かた》方《ほう》が警《けい》察《さつ》署《しょ》に届《とど》いたそうだ。

㊲ 憲《けん》法《ぽう》に我《われ》々《われ》主《しゅ》権《けん》者《しゃ》の権《けん》利《り》の規《き》定《てい》がある。

㊳ 源《げん》氏《じ》物《もの》語《がたり》は、貴《き》族《ぞく》の全《ぜん》盛《せい》時《じ》代《だい》をえがく。

㊴ 熟《じゅく》した穀《こく》物《もつ》のからを棒《ぼう》で割《わ》り、実《み》を厳《げん》選《せん》した。

㊵ 座《ざ》席《せき》で点《てん》検《けん》を済《す》ませ、操《そう》縦《じゅう》に従《じゅう》事《じ》。

例文 ㊱～㊵

漢字をていねいになぞりましょう

名前

月　日

㊱ 私《わたし》がなくしたくつの片方《かたほう》が警察署《けいさつしょ》に届《とど》いたそうだ。

㊲ 憲法《けんぽう》に我々《われわれ》主権者《しゅけんしゃ》の権利《けんり》の規定《きてい》がある。

㊳ 源氏物語《げんじものがたり》は、貴族《きぞく》の全盛時代《ぜんせいじだい》をえがく。

㊴ 熟《じゅく》した穀物《こくもつ》のからを棒《ぼう》で割《わ》り、実《み》を厳選《げんせん》した。

㊵ 座席《ざせき》で点検《てんけん》を済《す》ませ、操縦《そうじゅう》に従事《じゅうじ》。

例文㊱～㊵ 漢字に読みがなをつけましょう

名前

月　日

（答え⬇63ページ）

㊱ 私がなくしたくつの片方が警察署に届いたそうだ。

㊲ 憲法に我々《われ》主権者の権利の規定がある。

㊳ 源氏物語は、貴族の全盛《せい》時代をえがく。

㊴ 熟した穀物のからを棒で割り、実を厳選した。

㊵ 座席で点検を済ませ、操縦に従事。

例文 36〜40

漢字のでき方を読みましょう

名前

月　日

【形声《けいせい》】音《おと》（読《よ》み方《かた》）を表《あらわ》す文字と意味《いみ》を表《あらわ》す文字を組《く》み合《あ》わせて、新《あたら》しい文字を作《つく》る方法《ほうほう》。

警　ケイ

警告《けいこく》

読《よ》み方《かた》を表《あらわ》す部分《ぶぶん》は「敬《けい》」。警《けい》は「言葉《ことば》でいましめる」という意味《いみ》。

憲　ケン

児童憲章《じどうけんしょう》

読《よ》み方《かた》を表《あらわ》す部分《ぶぶん》は「害《けん》」。元《もと》の字の害は、目の上に刑罰《けいばつ》の入れ墨《ずみ》をすることを表《あらわ》す。刑罰《けいばつ》でまちがいを正す「法《ほう》」、「手本・模範《もはん》」の意味《いみ》。国《くに》の基本《きほん》の法《ほう》・最高《さいこう》の法《ほう》が「憲法《けんぽう》」。

源　みなもと　ゲン

川《かわ》の源《みなもと》　起源《きげん》

読《よ》み方《かた》を表《あらわ》す部分《ぶぶん》は「原《げん》」。原《げん》（原）は、厂（がけ）から泉《いずみ》（泉）がわき出ている様子《ようす》。原《げん》が野原《のはら》の意味《いみ》で使《つか》われるようになったので「水源《すいげん》」の意味《いみ》を持《も》つ字を「氵」を付《つ》けて源《げん》とした。

厳　きび-しい　ゲン

厳《きび》しい父《ちち》　厳重《げんじゅう》

読《よ》み方《かた》を表《あらわ》す部分《ぶぶん》は「厳《げん》」。元《もと》の字は嚴《げん》。神《かみ》への祈《いの》りの文を入れる箱《はこ》（𠙵）を二つ並《なら》べて、神《かみ》を招《まね》く式《しき》を厳《おごそ》かに行《おこな》うこと。

座　ザ

正座《せいざ》

読《よ》み方《かた》を表《あらわ》す部分《ぶぶん》は「坐《ざ》」。土地《とち》の神様《かみさま》の前《まえ》に人が並《なら》んで座《すわ》り裁判《さいばん》を受《う》けている形《かたち》。裁判《さいばん》は先祖《せんぞ》を祭《まつ》る所《ところ》でも行《おこな》われたので、广（屋根《やね》の形《かたち》）を付《つ》けた。

〈筆順に注意〉

例文 ㊱～㊵

漢字の練習をしましょう

（答え↓63ページ）

名前

月　日

㊱ □《わたし》がなくしたくつの□《かた》□《ほう》が警《けい》察《さつ》署《しょ》に届《とど》いたそうだ。

㊲ 憲《けん》法《ぽう》に我《われ》々《われ》□《しゅ》□《けん》□《しゃ》の□《けん》□《り》の規《き》定《てい》がある。

㊳ 源《げん》氏《じ》物《もの》語《がたり》は、□《き》□《ぞく》の□《ぜん》盛《せい》□《じ》□《だい》をえがく。

㊴ □《じゅく》した穀《こく》物《もつ》のからを□《ぼう》で□《わ》り、□《み》を厳《げん》選《せん》した。

㊵ □《ざ》□《せき》で□《てん》□《けん》を□《す》ませ、操《そう》縦《じゅう》に従《じゅう》事《じ》。

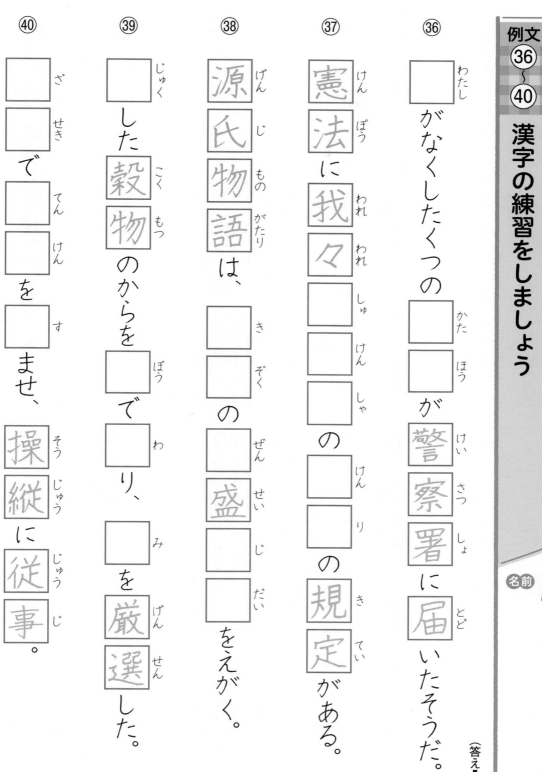

例文㊱～㊵

漢字の練習をしましょう

名前

月　日

（答え⬇63ページ）

㊱ 私《わたし》がなくしたくつの片《かた》方《ほう》が□《けい》□《さつ》□《しょ》に□《とど》いたそうだ。

㊲ □《けん》□《ぽう》に□《われ》々《われ》主《しゅ》権《けん》者《しゃ》の権《けん》利《り》の□《き》□《てい》がある。

㊳ □《げん》□《じ》□《もの》□《がたり》は、貴《き》族《ぞく》の全《ぜん》盛《せい》時《じ》代《だい》をえがく。

㊴ 熟《じゅく》した□《こく》□《もつ》のからを棒《ぼう》で割《わ》り、□《み》を□《げん》□《せん》した。

㊵ 座《ざ》席《せき》で点《てん》検《けん》を済《す》ませ、□《そう》□《じゅう》に□《じゅう》□《じ》。

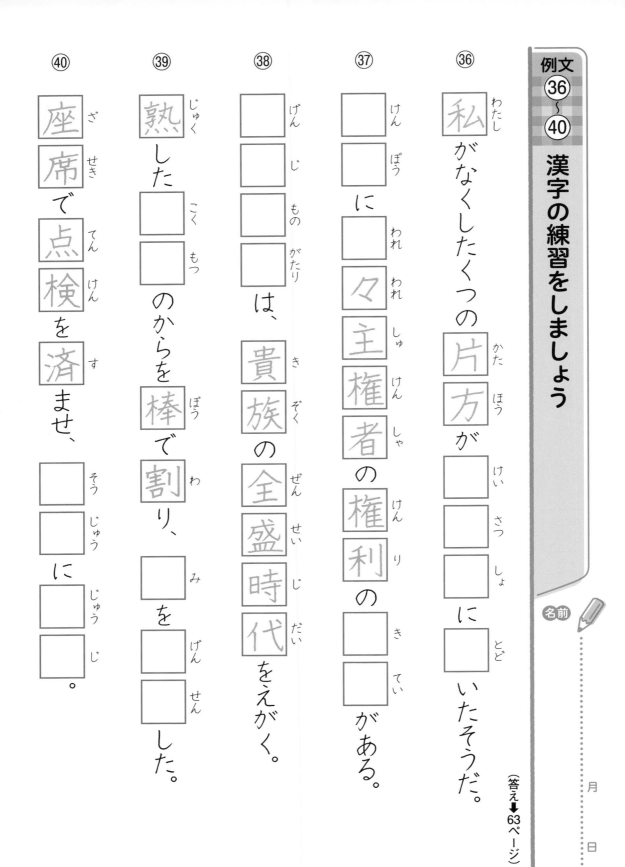

例文 ㊱〜㊵

漢字を書きましょう

名前

月　日

（答え↓63ページ）

㊱ □《わたし》がなくしたくつの□《かた》□《ほう》が□《けい》□《さつ》□《しょ》に□《とど》いたそうだ。

㊲ □《けん》□《ぽう》に□《われ》々《われ》□《しゅ》□《けん》□《しゃ》の□《けん》□《り》の□《き》□《てい》がある。

㊳ □《げん》□《じ》□《もの》□《がたり》は、□《き》□《ぞく》の□《ぜん》盛《せい》□《じ》□《だい》をえがく。

㊴ □《じゅく》した□《こく》□《もつ》のからを□《ぼう》で□《わ》り、□《み》を□《げん》□《せん》した。

㊵ □《ざ》□《せき》で□《てん》□《けん》を□《す》ませ、□《そう》□《じゅう》に□《じゅう》□《じ》。

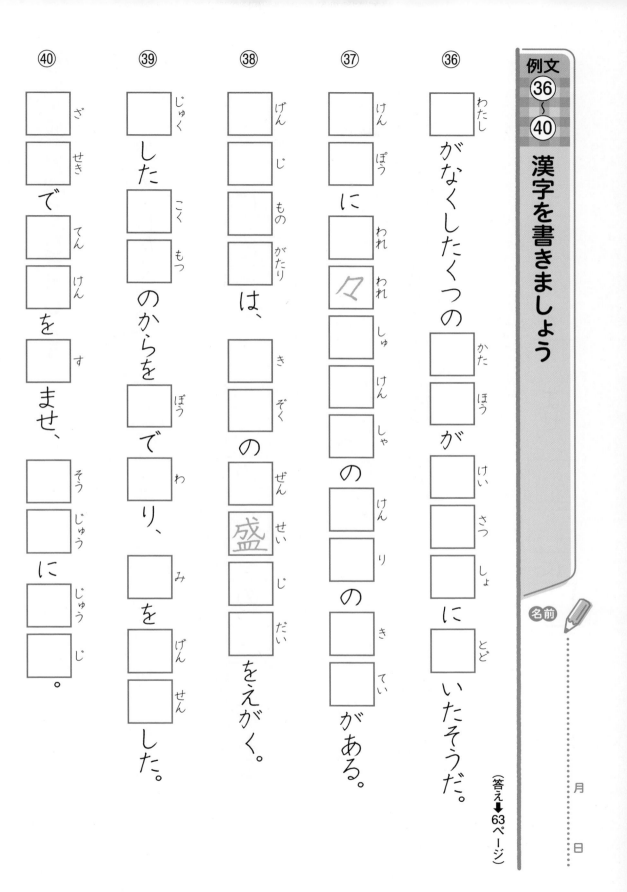

例文㊱～㊵

漢字を書きましょう

名前

月　日

（答え➡63ページ）

㊱ □《わたし》がなくしたくつの□《かた》□《ほう》が□《けい》□《さつ》□《しょ》に□《とど》いたそうだ。

㊲ □《けん》□《ぽう》に□《われ》々《われ》□《しゅ》□《けん》□《しゃ》の□《けん》□《り》の□《き》□《てい》がある。

㊳ □《げん》□《じ》□《もの》□《がたり》は、□《き》□《ぞく》の□《ぜん》盛《せい》□《じ》□《だい》をえがく。

㊴ □《じゅく》した□《こく》□《もつ》のからを□《ぼう》で□《わ》り、□《み》を□《げん》□《せん》した。

㊵ □《ざ》□《せき》で□《てん》□《けん》を□《す》ませ、□《そう》□《じゅう》に□《じゅう》□《じ》。

例文㊶〜㊺

文を三回読みましょう

名前

月　日

㊶ 憲《けん》法《ぽう》は、思《し》想《そう》の自《じ》由《ゆう》を保《ほ》障《しょう》している。

㊷ 希《き》望《ぼう》を胸《むね》に、故《こ》郷《きょう》をたつ若《わか》者《もの》の姿《すがた》に感《かん》激《げき》。

㊸ 推《すい》せんした宣《せん》伝《でん》担《たん》当《とう》は、派《は》手《で》な看《かん》板《ばん》を作《つく》った。

㊹ 外国《がいこく》の法《ほう》律《りつ》で裁《さば》く治《ち》外《がい》法《ほう》権《けん》の背《はい》景《けい》は武《ぶ》力《りょく》。

㊺ 宿《しゅく》敵《てき》と激《はげ》しく戦《たたか》い、自《じ》己《こ》新《しん》記《き》録《ろく》を樹《じゅ》立《りつ》し優《ゆう》勝《しょう》。

例文 41〜45

漢字をていねいになぞりましょう

名前

月　日

㊶ 憲《けん》法《ぽう》は、思《し》想《そう》の自《じ》由《ゆう》を保《ほ》障《しょう》している。

㊷ 希《き》望《ぼう》を胸《むね》に、故《こ》郷《きょう》をたつ若《わか》者《もの》の姿《すがた》に感《かん》激《げき》。

㊸ 推《すい》せんした宣《せん》伝《でん》担《たん》当《とう》は、派《は》手《で》な看《かん》板《ばん》を作った。

㊹ 外国の法《ほう》律《りつ》で裁《さば》く治《ち》外《がい》法《ほう》権《けん》の背《はい》景《けい》は武《ぶ》力《りょく》。

㊺ 宿《しゅく》敵《てき》と激《はげ》しく戦い、自《じ》己《こ》新《しん》記《き》録《ろく》を樹《じゅ》立《りつ》し優《ゆう》勝《しょう》。

例文 ㊶〜㊺ 漢字に読みがなをつけましょう

名前

月　日

（答え↓71ページ）

㊶ 憲法は、思想の自由を保障している。

㊷ 希望を胸に、故郷をたつ若者の姿に感激。

㊸ 推せんした宣伝担当は、派手な看板を作った。

㊹ 外国の法律で裁く治外法権の背景は武力。

㊺ 宿敵と激しく戦い、自己新記録を樹立し優勝。

例文 41～45 漢字のでき方を読みましょう

名前

月　日

【形声《けいせい》】

障　ショウ　故障《こしょう》

読《よ》み方《かた》を表《あらわ》す部分《ぶぶん》は「章《しょう》」。阝は神《かみ》の陟《のぼ》り降《お》りするはしご。障《しょう》は、その神聖《しんせい》な場所《ばしょ》を防《ふせ》ぎ守《まも》ることから、「さえぎる・さまたげる」意味《いみ》。「章《しょう》」をふくむ字は、ほかに表彰状《ひょうしょうじょう》など。

姿　すがた　シ　晴《は》れ姿《すがた》　姿勢《しせい》

読《よ》み方《かた》を表《あらわ》す部分《ぶぶん》は「次《し》（）」。女の人が嘆《なげ》き悲《かな》しむ姿《すがた》。「次《し》」をふくむ字は、ほかに資源《しげん》など。

推　スイ　推進《すいしん》

読《よ》み方《かた》を表《あらわ》す部分《ぶぶん》は「隹《すい》」。隹《すい》は「尾《お》の短《みじか》い鳥《とり》」。昔《むかし》、鳥占《とりうらな》いをして物事《ものごと》を推《お》し進《すす》めていた。それで推《すい》は「おす・すすめる」の意味《いみ》に使《つか》う。「隹《すい》」をふくむ字は、ほかに円錐《えんすい》など。隹《すい》がつき、「スイ」と読《よ》まない字も多《おお》くある。進《しん》、集《しゅう》、難《なん》など。

裁　さば-く　サイ　公平《こうへい》に裁《さば》く　裁判《さいばん》

読《よ》み方《かた》を表《あらわ》す部分《ぶぶん》は「𢦏《さい》」。裁《さい》は、衣服《いふく》を作《つく》るために初《はじ》めて布《ぬの》を裁《た》つこと。「さばく・きめる」という意味《いみ》がある。「𢦏《さい》」をふくむ字は、ほかに栽培《さいばい》、掲載《けいさい》など。

樹　ジュ　樹木《じゅもく》

読《よ》み方《かた》を表《あらわ》す部分《ぶぶん》は「尌《じゅ》」。「尌」は太鼓《たいこ》を手で打《う》つこと。太鼓《たいこ》をたたいて、「樹」の成長《せいちょう》を願《ねが》った。生えていても、切《き》り出しても「木」だが、「樹《じゅ》」は「立ち木」のこと。

例文 ㊶〜㊺

漢字の練習をしましょう

名前

月　日

（答え➡71ページ）

㊶ 憲《けん》法《ぽう》は、□《し》□《そう》の□《じ》□《ゆう》を□《ほ》□《しょう》している。

㊷ □《き》□《ぼう》を□《むね》に、故《こ》郷《きょう》をたつ□《わか》□《もの》の□《すがた》に感《かん》激《げき》。

㊸ 推《すい》せんした宣《せん》伝《でん》□《たん》□《とう》は、派《は》手《で》な□《かん》□《ばん》を作った。

㊹ 外国の法《ほう》律《りつ》で裁《さば》く□《ち》□《がい》□《ほう》□《けん》の□《はい》□《けい》は□《ぶ》□《りょく》。

㊺ 宿《しゅく》敵《てき》と激《はげ》しく戦い、□《じ》□《こ》□《しん》□《き》□《ろく》を□《じゅ》□《りつ》し優《ゆう》勝《しょう》。

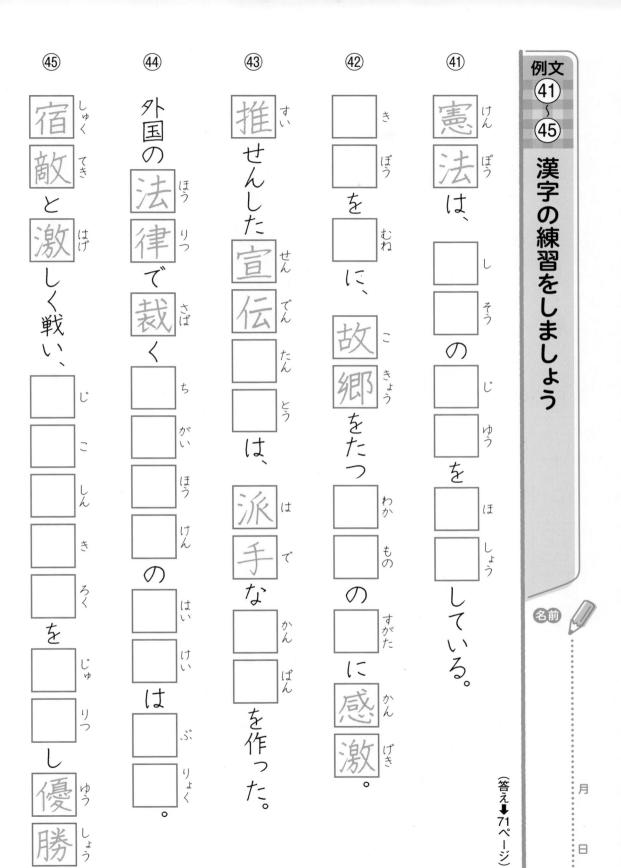

例文㊶〜㊺

漢字の練習をしましょう

名前

月　日

（答え⬇71ページ）

㊶ □《けん》□《ぽう》は、□《し》□《そう》の□《じ》□《ゆう》を保《ほ》障《しょう》している。

㊷ □《き》□《ぼう》を胸《むね》に、□《こ》□《きょう》をたつ若《わか》者《もの》の姿《すがた》に□《かん》□《げき》。

㊸ □《すい》せんした□《せん》□《でん》担《たん》当《とう》は、□《は》□《で》な看《かん》板《ばん》を作った。

㊹ 外国の□《ほう》□《りつ》で□《さば》く治《ち》外《がい》法《ほう》権《けん》の背《はい》景《けい》は□《ぶ》□《りょく》。

㊺ □《しゅく》□《てき》と□《はげ》しく戦い、自《じ》己《こ》新《しん》記《き》録《ろく》を樹《じゅ》立《りつ》し□《ゆう》□《しょう》。

例文 41～45 漢字を書きましょう

名前

月　日

（答え➡71ページ）

㊶ □《けん》□《ぽう》は、□《し》□《そう》の□《じ》□《ゆう》を□《ほ》□《しょう》している。

㊷ □《き》□《ぼう》を□《むね》に、□《こ》□《きょう》をたつ□《わか》□《もの》の□《すがた》に□《かん》□《げき》。

㊸ □《すい》せんした□《せん》□《でん》□《たん》□《とう》は、□《は》□《で》な□《かん》□《ばん》を作った。

㊹ 外国の□《ほう》□《りつ》で□《さば》く□《ち》□《がい》□《ほう》□《けん》の□《はい》□《けい》は□《ぶ》□《りょく》。

㊺ □《しゅく》□《てき》と□《はげ》しく戦い、□《じ》□《こ》□《しん》□《き》□《ろく》を□《じゅ》□《りつ》し□《ゆう》□《しょう》。

例文41～45 漢字を書きましょう

名前

月　日

（答え⬇71ページ）

㊶ □《けん》□《ぽう》は、□《し》□《そう》の□《じ》□《ゆう》を□《ほ》□《しょう》している。

㊷ □《き》□《ぼう》を□《むね》に、□《こ》□《きょう》をたつ□《わか》□《もの》の□《すがた》に□《かん》□《げき》。

㊸ □《すい》せんした□《せん》□《でん》□《たん》□《とう》は、□《は》□《で》な□《かん》□《ばん》を作った。

㊹ 外国の□《ほう》□《りつ》で□《さば》く□《ち》□《がい》□《ほう》□《けん》の□《はい》□《けい》は□《ぶ》□《りょく》。

㊺ □《しゅく》□《てき》と□《はげ》しく戦い、□《じ》□《こ》□《しん》□《き》□《ろく》を□《じゅ》□《りつ》し□《ゆう》□《しょう》。

例文 ㊻〜㊿

文を三回読みましょう

㊻ 欲《よく》ばって大《おお》盛《も》りの食《しょっ》券《けん》を買《か》った。

㊼ 賃《ちん》金《ぎん》の値《ね》上《あ》げ要《よう》求《きゅう》に、誠《せい》実《じつ》に対《たい》応《おう》した。

㊽ 高《こう》層《そう》ビルの一《いっ》階《かい》に、創《そう》設《せつ》者《しゃ》のちょう刻《こく》がある。

㊾ 文《ぶん》を忠《ちゅう》実《じつ》に朗《ろう》読《どく》するため、舌《した》の運《うん》動《どう》をする。

㊿ 経《けい》済《ざい》問《もん》題《だい》 頭《ず》脳《のう》を働《はたら》かせ諸《しょ》政《せい》党《とう》で討《とう》論《ろん》。

名前

月　日

例文 46～50

漢字をていねいになぞりましょう

名前

月　日

㊻ 欲《よく》ばって大《おお》盛《も》りの食《しょっ》券《けん》を買《か》った。

㊼ 賃《ちん》金《ぎん》の値《ね》上《あ》げ要《よう》求《きゅう》に、誠《せい》実《じつ》に対《たい》応《おう》した。

㊽ 高《こう》層《そう》ビルの一《いっ》階《かい》に、創《そう》設《せつ》者《しゃ》のちょう刻《こく》がある。

㊾ 文を忠《ちゅう》実《じつ》に朗《ろう》読《どく》するため、舌《した》の運《うん》動《どう》をする。

㊿ 経《けい》済《ざい》問《もん》題《だい》

頭《ず》脳《のう》を働《はたら》かせ諸《しょ》政《せい》党《とう》で討《とう》論《ろん》。

例文 ㊻〜㊿ 漢字に読みがなをつけましょう

名前

月　日

（答え⬇79ページ）

㊻ 欲ばって大盛りの食券を買った。

㊼ 賃金の値上げ要求に、誠実に対応した。

㊽ 高層ビルの一階に、創設者のちょう刻がある。

㊾ 文を忠実に朗読するため、舌の運動をする。

㊿ 経済問題　頭脳を働かせ諸政党で討論。

例文 46～50

漢字のでき方を読みましょう

名前

月　日

【形声《けいせい》】

盛　も-る（セイ）　大盛《おおも》り

読《よ》み方《かた》を表《あらわ》す部分《ぶぶん》は「成《せい》」。成《せい》は戈《ほこ》が完成《かんせい》し清《きよ》めていることを表《あらわ》す。盛《せい》は大きな皿《さら》に供《そな》え物《もの》をたくさん盛《も》ること。「おおいに・さかん」という意味《いみ》にも使《つか》う。

誠　セイ　誠意《せいい》

読《よ》み方《かた》を表《あらわ》す部分《ぶぶん》は「成《せい》」。誠《せい》は戈《ほこ》が完成《かんせい》し清《きよ》めるとき神《かみ》に祈《いの》る言葉《ことば》で「まこと・まごころ」の意味《いみ》。

創　つく-る　ソウ　会社《かいしゃ》を創《つく》る　創立記念日《そうりつきねんび》

読《よ》み方《かた》を表《あらわ》す部分《ぶぶん》は「倉《そう》」。創《そう》は、金属《きんぞく》の器《うつわ》を作《つく》るための型《かた》の枠《わく》を刀《かたな》（刂）で外《はず》して中の器《うつわ》を取《と》り出すこと。それで「つくる・はじめる」ことを表《あらわ》す。「きず」の意味《いみ》もあり「絆創膏《ばんそうこう》」などと使《つか》う。

忠　チュウ　忠告《ちゅうこく》

読《よ》み方《かた》を表《あらわ》す部分《ぶぶん》は「中」。中＋心《こころ》で「まごころ・ただしい」などの意味《いみ》を持《も》つ。「中」をふくむ字は、ほかに仲秋《ちゅうしゅう》の名月《めいげつ》、沖積《ちゅうせき》（＝土砂《どしゃ》などが積《つ》み重《かさ》なること）など。

脳　ノウ　首脳《しゅのう》

読《よ》み方《かた》を表《あらわ》す部分《ぶぶん》は「𡿺《のう》」（𡿺）。脳《のう》の古《ふる》い字は。𡿺は、ひよめき（＝新生児《しんせいじ》の頭頂《とうちょう》の骨《ほね》がまだしっかりと接合《せつごう》していない部分《ぶぶん》）に頭髪《とうはつ》がある様子《ようす》。それに月で、「のうみそ」を表《あらわ》す。「𡿺《のう》」をふくむ字は、ほかに苦悩《くのう》など。悩《のう》は𡿺に心《こころ》（忄）で、考《かんが》えても考《かんが》えてもわからず悩《なや》むという意味《いみ》。

例文㊻～㊿

漢字の練習をしましょう

名前

月　日

（答え➡79ページ）

㊻ 欲《よく》ばって大《おお》盛《も》りの□《しょっ》□《けん》を□《か》った。

㊼ 賃《ちん》金《ぎん》の□《ね》□《あ》げ□《よう》□《きゅう》に、誠《せい》実《じつ》に□《たい》□《おう》した。

㊽ 高《こう》層《そう》ビルの□《いっ》□《かい》に、□《そう》□《せつ》□《しゃ》のちょう刻《こく》がある。

㊾ 文を忠《ちゅう》実《じつ》に□《ろう》□《どく》するため、舌《した》の□《うん》□《どう》をする。

㊿ 経《けい》済《ざい》問《もん》題《だい》□《ず》□《のう》を□《はたら》かせ諸《しょ》政《せい》党《とう》で□《とう》□《ろん》。

例文 46～50 漢字の練習をしましょう

名前　　月　　日

（答え↓79ページ）

㊻ □《よく》ばって□《おお》□《も》りの食《しょっ》券《けん》を□《か》った。

㊼ □《ちん》□《ぎん》の値《ね》上《あ》げ□《よう》□《きゅう》に、□《せい》□《じつ》に□《たい》□《おう》した。

㊽ □《こう》□《そう》ビルの□《いっ》□《かい》に、創《そう》設《せつ》者《しゃ》のちょう□《こく》がある。

㊾ 文を□《ちゅう》□《じつ》に朗《ろう》読《どく》するため、□《した》の□《うん》□《どう》をする。

㊿ □《けい》□《ざい》□《もん》□《だい》　頭《ず》脳《のう》を□《はたら》かせ□《しょ》□《せい》□《とう》で討《とう》論《ろん》。

例文 ㊻〜㊿

漢字を書きましょう

名前

月　日

（答え➡79ページ）

㊻ □《よく》ばって□《おお》□《も》りの□《しょっ》□《けん》を□《か》った。

㊼ □《ちん》□《ぎん》の□《ね》□《あ》げ□《よう》□《きゅう》に、□《せい》□《じつ》に□《たい》□《おう》した。

㊽ □《こう》□《そう》ビルの□《いっ》□《かい》に、□《そう》□《せつ》□《しゃ》のちょう□《こく》がある。

㊾ 文を□《ちゅう》□《じつ》に□《ろう》□《どく》するため、□《した》の□《うん》□《どう》をする。

㊿ □《けい》□《ざい》□《もん》□《だい》　□《ず》□《のう》を□《はたら》かせ□《しょ》□《せい》□《とう》で□《とう》□《ろん》。

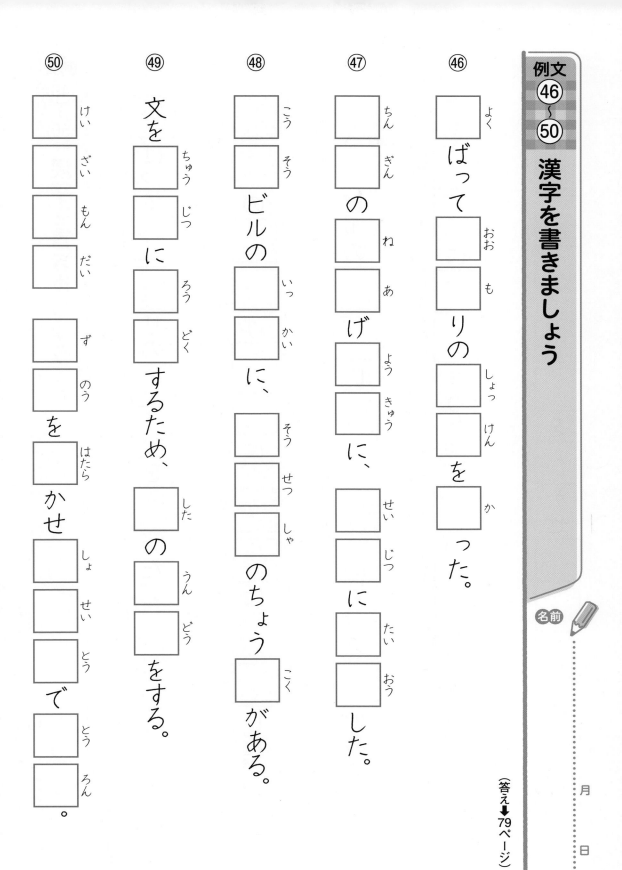

例文 ㊻～㊿ 漢字を書きましょう

名前

月　日

（答え➡79ページ）

㊻ □《よく》ばって□《おお》□《も》りの□《しょっ》□《けん》を□《か》った。

㊼ □《ちん》□《ぎん》の□《ね》□《あ》げ□《よう》□《きゅう》に、□《せい》□《じつ》に□《たい》□《おう》した。

㊽ □《こう》□《そう》ビルの□《いっ》□《かい》に、□《そう》□《せつ》□《しゃ》のちょう□《こく》がある。

㊾ 文を□《ちゅう》□《じつ》に□《ろう》□《どく》するため、□《した》の□《うん》□《どう》をする。

㊿ □《けい》□《ざい》□《もん》□《だい》　□《ず》□《のう》を□《はたら》かせ□《しょ》□《せい》□《とう》で□《とう》□《ろん》。

六年生のまとめ(1)

□に漢字を書きましょう

名前

月　日

(答え↓95ページ)

① □《こ》□《きゅう》□《き》□《けい》の□《はい》の□《しょう》□《か》□《き》□《けい》の□《い》□《ちょう》。

② □《むね》や□《せ》、□《はら》の□《きん》□《にく》をきたえる□《たい》□《そう》□《せん》□《しゅ》。

③ □《か》□《ざん》□《ばい》□《ふ》る□《ち》□《いき》□《かく》□《だい》□《せい》□《かつ》に□《し》□《しょう》。

④ □《でん》□《げん》□《そう》□《ち》に□《ま》き□《かず》□《おお》い□《でん》□《じ》□《しゃく》。

⑤ □《ない》□《ぞう》で□《きゅう》□《しゅう》され□《のう》に□《とど》く□《とう》□《ぶん》。

六年生のまとめ⑵

□に漢字を書きましょう

① □□□□《うちゅうえいが》□□《えんちょう》で□□□□《せんでんたんとう》□□《おおよろこ》び。

② □《きび》しい□□《けいび》を□□《しき》□□《きんべん》な□□□□《けいさつしょちょう》。

③ □□《ごさ》なく□□《ちゅうじつ》に□□《しゅくしゃく》□□《もけい》の□□《どひょう》。

④ □《ほね》に□《きず》□□《いじょう》な□□《げきつう》□□《ちゅうしゃ》で□《のぞ》く。

⑤ □□《おおも》りご□《はん》と□《たまご》□《した》で□《あじ》わう□《わか》い□《しゅう》。

（答え➡95ページ）

名前

月　日

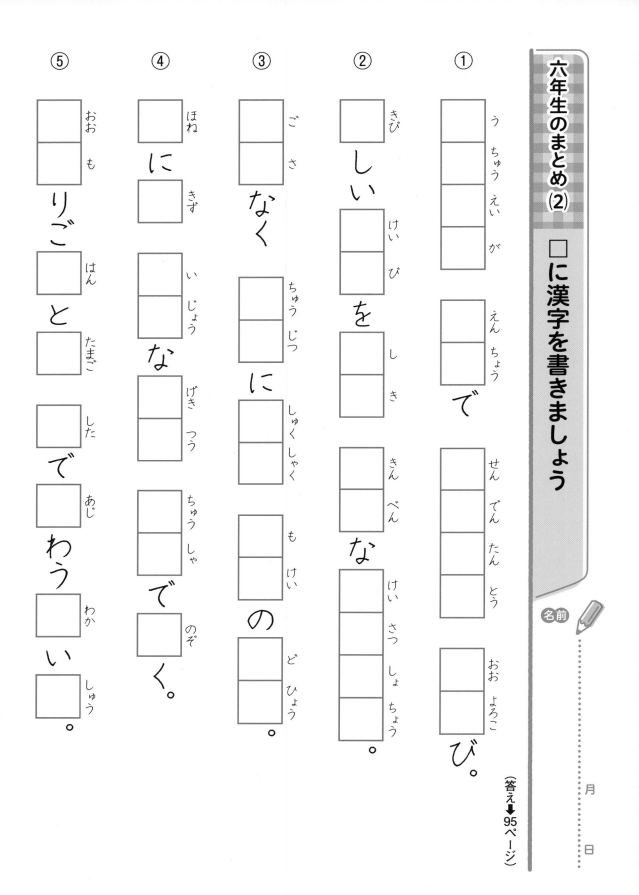

六年生のまとめ⑶

□に漢字を書きましょう

名前

月　日

（答え➡95ページ）

① □□《いんたい》する□□《はいゆう》□□《こうふん》の中□《げき》が□□《へいまく》。

② 花を□《そな》え□□《せいざ》して□《おが》む□□《おんし》の□《すがた》。

③ □□《ないかく》が□□《しょうにん》し□□□□《てんのうへいか》が□□《こっかい》召□《しょうしゅう》。

④ □□□□《ばくふそんぼう》をかけ□□《しゅじん》に□《いのち》を□《あず》け□《てき》と□《たたか》う。

⑤ □□《きょうり》の□□《きちょう》な□□□《ぶんかざい》は□□□□《せかいいさん》。

六年生のまとめ⑷

□に漢字を書きましょう

名前

月　日

（答え⬇95ページ）

① □□□《ぎもんてん》の□□《とうぎ》は□《つくえ》を三つ□《なら》べて□《はん》で。

② □《ぬの》の□《あな》□《はり》と□□《きぬいと》で□□《ほしゅう》□□《とくい》の□《さい》ほう。

③ □□□□《こくもつぶそく》で□《こま》る□□《なんみん》を□□《しきゅう》□□《きゅうさい》。

④ □《わたし》の□□《そんけい》する□□《じんあい》のある□□□《しゅうきょうか》。

⑤ □□《せいい》ある□□□《かんごし》は□《われ》の□□《しょうらい》の□《ゆめ》。

六年生のまとめ⑸

□に漢字を書きましょう

名前

月　日

（答え⬇95ページ）

① □□□《こうほしゃ》や□□《とうは》□□《せいさく》は□□《たんじゅん》ではない。

② □□□《どくそうてき》□□□《かくしんてき》□□□□《じぎょうすいしん》□□□□《かぶしきがいしゃ》。

③ 年の□《く》れ□□《かんちょう》の海□□《じょうき》立つ□□□《おんせんやど》へ。

④ □□《ひはん》を□《う》け□□《かいぜん》し□□《よくじつ》□《とど》ける□□□《ゆうびんぶつ》。

⑤ □□□《たんじょうび》□□《じこ》で□□《かし》をつけ□□□《せんもんか》□□《えんそう》。

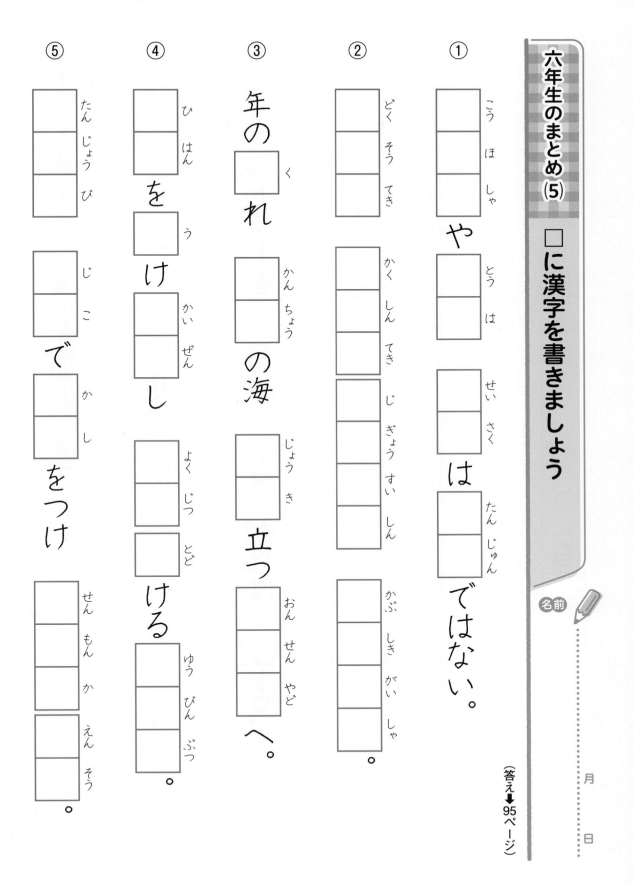

六年生のまとめ⑹

□に漢字を書きましょう

名前

月　日

（答え↓96ページ）

①　□□□《さいじょうだん》□□《すいちょく》に立つ□□《こうざい》□□□《せいかだい》。

②　□□《かんじゅく》トマトを□《あら》って□《きざ》み　へたは□《す》てる。

③　□□《こうごう》は□□《しょこく》□□《ほうもつ》の□□□《てんらんかい》を□□《ほうもん》。

④　□□□□《きんせんもんだい》で□□《れんめい》が□□《こんらん》□□《ちょうしゃ》で□□□《りんじかい》。

⑤　□□《どぞう》の□□《ざっし》、□□《さっし》、□□《めいちょ》も□□《しょぶん》。

六年生のまとめ⑺

□に漢字を書きましょう

名前

月　日

（答え↓96ページ）

① □□《じゅうらい》の□□《かんたん》な□□□□《じゅうだんたんけん》　□□《こんばん》は□□《きけん》。

② □□□《いっすんさき》　□□《しかい》□《あ》けぬ□□《じゅひょう》の中□□《とうちょう》。

③ □□《さんし》を□□《こうちゃ》で□《そ》め□□《ねふだ》つけ□□《のうひん》。

④ □□《しゅうしょく》し□《え》た□□《ちんぎん》で□□《ひみつ》の□□□《おやこうこう》。

⑤ □□《うらどお》り□《まず》しい□□□《にゅうようじ》に□《あたた》かな□□《もうふ》。

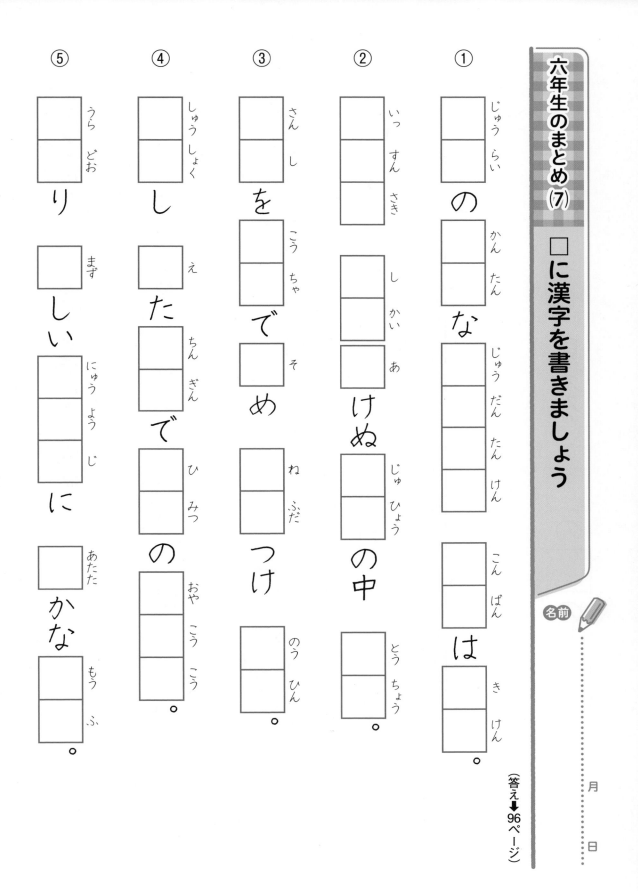

六年生のまとめ⑻

□に漢字を書きましょう

名前

月　日

（答え↓96ページ）

① □□《ほうりつ》に□《て》らし□□《とうろん》□□□《よさんあん》は□□《ひけつ》。

② □□□《いよくてき》に□□□□《ろうどくれんしゅう》□□《ぼうよ》み□□《げんきん》。

③ □□□《わりびきけん》を□□《じたく》に□□《すうまい》□《わす》れ□《い》い□《わけ》する。

④ □□《けんぽう》は□□□□《こくみんしゅけん》□□□□《へいわしゅぎ》□□《せんげん》。

⑤ □□《かたがわ》の□□《しゃそう》見える□□《えんどう》の□《すな》の□□《ちそう》。

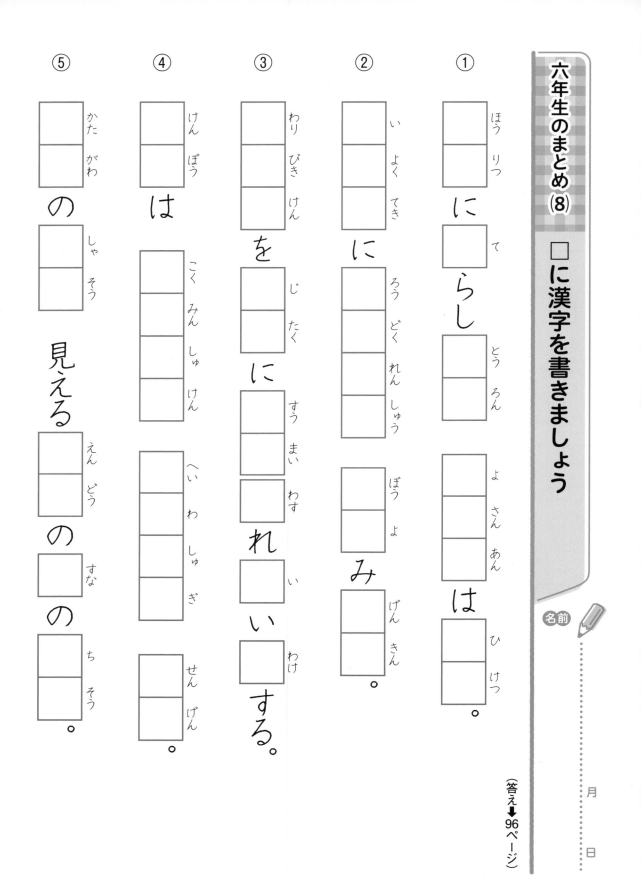

答え

〈まとめ(1) 87ページ〉

① 呼吸器系 肺 消化器系 胃腸
② 胸 背 腹 筋肉 体操選手
③ 火山灰 降 地域拡大 生活 支障
④ 電源装置 巻 数 多 電磁石
⑤ 内臓 吸収 脳 届 糖分

〈まとめ(2) 88ページ〉

① 宇宙映画 延長 宣伝担当 大喜
② 厳 警備 指揮 勤勉 警察署長
③ 誤差 忠実 縮尺 模型 土俵
④ 骨 傷 異常 激痛 注射 除
⑤ 大盛 飯 卵 舌 味 若 衆

〈まとめ(3) 89ページ〉

① 引退 俳優 興奮 劇 閉幕
② 供 正座 拝 恩師 姿
③ 内閣 承認 天皇陛下 国会召集
④ 幕府存亡 主人 命 預 敵 戦
⑤ 郷里 貴重 文化財 世界遺産

〈まとめ(4) 90ページ〉

① 疑問点 討議 机 並 班
② 布 穴 針 絹糸 補修 得意 裁
③ 穀物不足 困 難民 至急 救済
④ 私 尊敬 仁愛 宗教家
⑤ 誠意 看護師 我 将来 夢

〈まとめ(5) 91ページ〉

① 候補者 党派 政策 単純
② 独創的 革新的 事業推進 株式会社
③ 暮 干潮 蒸気 温泉宿
④ 批判 受 改善 翌日 届 郵便物
⑤ 誕生日 自己 歌詞 専門家 演奏

〈まとめ⑹　92ページ〉

① 最上段　垂直　鋼材　聖火台
② 完熟　洗　刻　捨
③ 皇后　諸国　宝物　展覧会　訪問
④ 金銭問題　連盟　混乱　庁舎　臨時会
⑤ 土蔵　雑誌　冊子　名著　処分

〈まとめ⑺　93ページ〉

① 従来　簡単　縦断探検　今晩　危険
② 一寸先　視界　開　樹氷　登頂
③ 蚕糸　紅茶　染　値札　納品
④ 就職　得　賃金　秘密　親孝行
⑤ 裏通　貧　乳幼児　暖　毛布

〈まとめ⑻　94ページ〉

① 法律　照　討論　予算案　否決
② 意欲的　朗読練習　棒読　厳禁
③ 割引券　自宅　数枚　忘　言　訳
④ 憲法　国民主権　平和主義　宣言
⑤ 片側　車窓　沿道　砂　地層

【参考資料】

＊本書の漢字解説は以下の資料を参考にさせていただきました。

『インデックスフォント今昔文字鏡プロフェッショナル版』（紀伊國屋書店）
『漢字のなりたち物語』阿辻哲次（講談社）
『漢字の字源』阿辻哲次（講談社）
『漢字の謎解明講座』（日本漢字検定協会）
『漢字百話』白川静（中央公論新社）
『ことばのしるべ』（学校図書）
『字通』白川静（平凡社）
『字統』白川静（平凡社）
『常用字解』白川静（平凡社）
『白川静『文字講話』シリーズ』監修白川静（文字文化研究所）
『白川静式小学校漢字字典』小寺誠（フォーラム・A）
『新潮日本語漢字辞典』（新潮社）
『青銅器の世界』パンフレット（白鶴美術館）
『説文解字』許真（中国書店印影本）
『例解小学漢字辞典』（三省堂）
『Ｓｕｐｅｒ日本語大辞典全ＪＩＳ漢字版』（学習研究社）